골프 80타 깨기

오태훈 지음

가림출판사

라운드 준비

첫 홀에서의 티 샷은 나머지 17개 홀의 티 샷보다 훨씬 부담이 많다고 볼 수 있습니다.

일반적으로 뒷 팀의 갤러리들도 그렇고, 몸 전체의 근육도 완전히 풀어져 있는 상태가 아니기 때문에, 자연스러운 스윙보다는 힘에 의한 스윙이 나오기 쉽습니다.

물론 라운딩 전 충분히 몸을 풀 수 있겠지만, 그 충분하리라는 시간이 출발 전까지 그리 넉넉하지는 않을 것입니다. 그러므로 첫 홀에서는 확실한 페어웨이 지키기 작전이 가장 현명합니다.

나이스 샷을 상상하고, 멋진 볼의 비구선을 그리며 스윙하는 것도 중요하지만 세컨드 지점까지 편안하게 이동하겠다는 마음으로 욕심을 조금만 버린다면 자신만의 편안한 스윙을 좀 더 쉽게 만들어 나아갈 수 있을 것입니다.

책머리에

*자신감이야말로 싱글의 지름길이자 나아가 언더파 목표에
도달할 수 있게 해주는 중요한 바탕입니다.*

프로들이나 아마추어 싱글 골퍼들을 살펴보면, 연습장에서건 코스에서건 미스 샷 하나에 크게 당황해하지 않습니다.

주니어 시합을 관찰해보면 확실히 이 말을 이해하기가 쉬울 것입니다. 멘탈, 특히 표정만 보면 그 선수의 스코어는 어느 정도 짐작이 됩니다. 첫 홀 티 샷이 조금 미스 했다고 머리를 푹 숙이고 걸어 나가는 학생이 있는 반면, 저것쯤이야 하며 당당히 세컨드 지점으로 힘차게 걸어가는 학생이 있습니다. 과연 어떤 학생이 스코어가 좋게 나올 것인지는 굳이 말을 안 해도 알 것입니다.

80타를 깨지 못하는 큰 이유는 이런 미스 샷에 대한 당당함의 부족 때문일 것입니다. 또한 거기에서 오는 실망과 당황은 앞으로 벌어지는 상황까지 힘들게 만들기도 합니다. 골프에는 오버파만 있는 것이 아니라 언더파도 있다는 것을 명심해야 할 것입니다.

라운딩 도중 후반에 들어서면서 '오늘 잘하면 70대 칠 수 있겠는걸…' 이라고 생각하다보면 당당함에서 비롯된 도전정신이 사라져버리고, 그때부터 조심스런(?) 플레이가 나올 것입니다. 바로 이런 유형의 플레이어가 멘탈 면에서 약한 사람입니다. 이런 사람은 아마 보기 한두 개에도 바로 무너지고 말 것입니다.

골프 플레이 중에는 공격적 플레이와 수비적 플레이가 있습니다. 두 가지 유형 모두 나름대로 훌륭한 공략법이겠지만, 무엇보다 중요한 것은 공격적이어야 할 때와 수비적이어야 할 때를 결정할 줄 아는 것입니다. 플레이어가 당황하게 되면 자신이 어떻게 공략해야 하는지를 잊은 채 그 홀 컵만을 향하여 돌진하게 됩니다. 예를 들면 버디 퍼트를 남겨놓고 보기를 해버리는 허무한 상황이 그렇겠지요.

자신의 미스 샷이 남에게 큰 피해가 되지 않는 이상 당당함을 잃지 않아야 합니다. 자신감이야말로 싱글의 지름길이자 나아가 언더파 목표에 도달할 수 있게 해주는 중요한 바탕입니다.

80타를 깨고 70타로 진입하겠다는 목표를 세운 골퍼라면, 본인의 스윙에 어느 정도 자신감을 가지고 있고, 본인의 문제점을 어느 정도는 파악하고 있을 것입니다. 그러므로 지금 이 책에서는 스윙의 이론적 풀이보다는 여러 가지 상황에서 위기를 모면할 수 있도록 도와주는 기술과 깨끗한 마무리, 전체적인 스코어를 낮추는 데에 중점을 두었습니다.

2005. 12.   오 태 훈

차례 CONTENTS

책머리에 | 7

Chapter 1 티 샷

- 왜 티 그라운드인가? | 15
- 스탠스를 좁히자 | 16
- 거울을 이용하여 항상 몸의 정렬을 체크한다 | 18
- 절대 남의 스윙을 흉내 내지말자 | 19

Chapter 2 세컨 샷

- 클럽 선택요령 | 23
- 오르막 | 24
- 내리막 | 26
- 사이드 힐 | 27
- 방향의 미스 샷 원인은 손목 때문이 아니다 | 27
- 공략이란 정해져 있는 것이 아니다 | 27
- 띄우기와 굴리기 | 28
- 골프 코스를 이기려 하지 말자 | 29
- 경사지에서의 스탠스 | 30
- 드로 샷과 페이드 샷 | 32
- 러프에서 | 34
- 악조건에서는 더욱 부드럽게 | 36
- 생각지 못한 상황에 당황하지 말자 | 36
- 상황에 맞게 선택하자 | 37
- '좀 더 멀리' 가 실수를 유발한다 | 37
- 디봇 | 38
- 볼의 탄도를 알아보는 방법 | 40
- 펀치 샷은 생각지 못한 것들을 일깨워준다 | 41
- 숏 아이언은 업라이트로 들어보자 | 41

Chapter 3 그린 주위

- 로브 샷 | 45
- 칩 샷 | 46

- 스핀의 조절로 그린을 공략하자 | 47
- 오른쪽 무릎을 이용하자 | 47
- 가장 쉬울 것 같으면서 가장 어려운 헤드 업 | 48
- 웨지만을 써야 하는 법은 없다 | 49
- 퍼터를 웨지처럼 | 50
- 엣지의 경계선 상에서 | 51
- 꼭 그린에 떨어져야 하는가? | 51
- 그린 주위 모래바닥에서 | 52
- 볼을 떨어뜨릴 지점만을 생각하자 | 53
- 샌드웨지만을 사용하며 런의 절실함을 느껴보자 | 53
- 남은 퍼팅 거리의 평균 거리를 알아보자 | 54
- 내리막 라이에서의 숏 어프로치 | 56
- 퍼트 & 칩 샷 | 58
- 일정한 크기의 백 스윙으로 | 60
- 어프로치 샷에서 가장 흔한 실수는 톱 볼 | 61
- 손목을 잘 쓰는 것도 숏 게임의 기술이다 | 62

Chapter 4

벙커 샷

- 상황에 따라 클럽을 선택하자 | 67
- 그린에서 30~50 야드 거리의 벙커 샷 | 68
- 가파른 오르막 그린의 벙커 샷 | 69
- 사이드 벙커 | 70
- 박혀 있거나 발자국에 들어갔을 때 | 70
- 벙커 샷의 기본, 셋 업 | 71

Chapter 5

퍼터

- 스트로크를 점검하자 | 77
- 거리감만을 생각하자 | 78
- 때론 스탠스를 조정할 필요도 있다 | 79
- 숏 퍼터 향상법 | 80
- 완벽한 퍼팅 스트로크는 간단하다 | 82
- 점 하나만을 생각하자 | 84
- 롱 퍼팅 | 85
- 내리막 그린 | 86
- 오르막 그린 | 86
- 바운드 퍼팅 | 87

Chapter 6 연습장 활용법

- 연습장 활용법 | 91
- 스트레이트가 전부가 아니다 | 92
- 100M를 겨냥하자 | 92
- 페어웨이를 연습장 그라운드로 생각하자 | 93
- 바운드를 생각하고 샷을 날리자 | 93
- 바람을 이용하자 | 94
- 긴 홀일수록 리듬감을 잃지 말자 | 94
- 남에게 보이려고 하지 말자 | 95
- 무조건 드라이버를 고집하지 말자 | 95
- 파워를 위한 몸풀기 연습 | 96
- 절대 스윙에 집착하지 말자, 스코어는 숏 게임이다 | 97
- 간단하게 생각하자 | 98
- 올바른 셋 업 단계 | 100
- 얼라이먼트의 간단한 요령 | 101
- 왜글을 크게 하자 | 102
- 페어웨이 우드 | 103
- 간단한 어드레스 체크법 | 104
- 스윙 리듬과 궤도를 향상시키는 방법 | 105
- 클럽과 팔만으로 핸드 퍼스트를 만든다 | 106
- 리듬감을 찾는 빈 스윙 | 107
- 피니시 자세가 뒤로 넘어질 때 | 108
- 백 스윙 시 두 팔이 안으로 당겨질 때 | 110
- 백 스윙 시 두 팔이 밖으로 밀려나갈 때 | 111
- 백 스윙 톱의 교정 | 112
- 다운 스윙의 교정 | 116
- 두 팔꿈치가 떨어져서 내려올 때 | 118
- 아이언과 우드의 기로에서 | 119
- 드라이버 샷의 단순한 마인드 | 119
- 부드럽게 지나가지 못할 때 | 120
- 아이언이 잘 될 땐 우드가 안 되고 | 121

스트레칭 | 122

멘탈 | 124

Tee Shot

CHAPTER 1

티샷

Golf

1

왜 티 그라운드인가?

티를 이용하여 가장 최상의 조건에서 샷을 할 수 있는 장소를 말한다. 볼의 위치와 높이를 지정된 장소의 원하는 위치에서 시작하는 것이다. 그런데 가끔 라운드를 하다보면 숏 홀에서 그냥 볼을 놓고 치거나 잔디를 클럽으로 살짝 쳐올린 후 그 위에 볼을 놓고 티 샷을 하는 상황을 접하게 된다. 그러나 결과는 너무 가혹하다. 드라이버와 롱·미들 아이언은 물론이고 숏 아이언과 웨지라 하더라도 티 그라운드에서는 항상 티를 이용하는 습관을 기르자.

스탠스를 좁히자

보통 롱 홀이나 긴 미들 홀에서 거리를 조금 내려고 하다보면 스탠스부터 넓어지기 마련이다. 이는 원활한 체중이동을 망가뜨릴뿐더러 최악의 샷과 후회만 가져다 줄 뿐이다.

골프에서 욕심은 스코어를 잃는 것과 같은 것이라고 생각하면 된다. 욕심을 버리고 좀 더 멀리 거리를 내고 싶다면 스탠스를 좀 더 좁혀 보자. 중심을 잡기 위해서라도 리듬과 힘의 조절이 훨씬 쉬워질 것이다. 바로 이것이 편안하게 장타를 칠 수 있는 비결이다.

거울을 이용하여 항상 몸의 정렬을 체크한다

볼이 생각지 않게 왼쪽이나 오른쪽으로 나아갈 때 방향을 잘못 섰는지 체크한다. 일반적으로 코스에서 확실하게 타깃을 보았는데도 볼의 방향이 벗어

난다면 그건 몸의 정렬이 잘못된 것이다.
　이럴 때에는 거울 앞에서 늘 하던 대로 어드레스 자세를 취한다. 그 후 머리의 위치, 어깨선의 정렬, 골반의 정렬, 두 무릎의 정렬을 차례대로 체크한다. 틀림없이 어느 한두 군데가 어긋나 있을 것이다. 이런 체크를 항상 해보며 몸을 바르게 유지하도록 한다. 가끔씩은 비디오 카메라로 자신의 자세를 확인해보는 것도 좋은 방법이다.

절대 남의 스윙을 흉내 내지말자

요즘은 매스컴의 발달로 톱 프로들의 스윙을 많이 접할 수 있다. 그들이 하는 이미지 스윙이나 스윙에 대한 분석은 일반인들이 스윙을 보다 쉽게 이해하는 데 도움을 준다. 그러나 그런 멋지고 부드러운 스윙은 감상하는 것으로 만족해야 한다. 왜냐하면 자신이 그것을 따라하게 되면서부터 정체를 알 수 없는 스윙이 만들어지기 때문이다.

체형이 비슷하다는 이유로 프로들의 스윙을 따라하다 보면 본인의 스윙은 물론이고 머릿속의 골프가 완전히 복잡해지고 만다. 체형이 같다고 해서 파워까지 같은 것은 아니라는 사실을 명심해야 한다. 자신의 코치나 자신을 잘 아는 사람으로부터 만들어진 스윙을 유지하면서 자기만의 멋진 리듬을 만들고 유지하도록 한다.

Second Shot

CHAPTER
2 세컨 샷

Golf

2

클럽 선택요령

 어느 정도 티 샷에 자신을 가지고, 세컨 샷 지점에 도착했다면 파가 아닌 버디를 향해서 세컨 샷에 임하게 될 것이다.
 세컨 샷 중에서 가장 중요한 요소 중 하나는 바로 클럽 선택이다.
 예를 들어 핀까지 140야드가 남았고, 140에 대한 나의 클럽은 7I이라고 하자.
 보통 클럽별로 10야드쯤 차이를 두고 계산한다면 130야드에서는 8I이 선택되고, 150야드에서는 6I이 선택 될 것이다.
 보통 그린의 앞뒤 지름은 30발짝 이상 되는데, 그렇다면 온그린 하기 위하여 선택할 수 있는 아이언은 3개나 된다.
 굳이 하나의 클럽에 의존하여 힘의 조절로 샷을 날리기보다, 여유있는 클럽의 선택으로 샷에 임한다면 그린에서의 미스를 많이 줄일 수 있을 것이다.

오르막

볼의 위치는 오른발 쪽에 두지만 체중은 약간 왼발 쪽에 두어 백 스윙 시 몸의 균형을 유지하도록 한다.

백 스윙은 너무 크지 않게 들어주며 임팩트 순간부터 클럽과 몸이 앞쪽으로 나간다는 느낌으로 스윙한다.

오르막에서는 볼의 낙하지점이 짧아지므로 클럽은 한 클럽 더 잡아준다.

내리막

일단 볼의 위치와 체중을 오른발 쪽에 두어 타격 위치와 몸의 균형을 맞춘다. 클럽은 평상시와 같은 번호를 선택하고, 핀의 약간 좌측을 겨냥한다.

일반적인 스윙과 다르게 스윙을 하려 하지 말고 똑같이 스윙해준다. 스윙을 조금이라도 다른 방법으로 하는 것은 더욱 큰 미스를 불러올 뿐이다. 셋 업과 어드레스만 변화 시켜도 스윙은 크게 달라지기 때문이다.

사이드 힐

볼이 발보다 밑에 있는 경사지에서는 균형잡기부터가 많이 까다롭다.

대부분의 골퍼들은 무릎을 구부려 볼과 가까이 하려 하지만 무릎은 견고하게 유지하고 체중은 뒤쪽에 놓은 다음 허리를 구부려준다. 클럽은 한 클럽 더 잡은 상태에서 하체는 견고히 유지하고 팔과 어깨만으로 스윙한다.

체중의 이동이 없으므로 역시 한 클럽 더 잡고 편안하게 샷에 임한다.

방향의 미스 샷 원인은 손목 때문이 아니다

샷을 한 후 방향이 많이 빗나갔을 때 그 원인을 대부분 손목 쪽에서 일어난다고 생각한다. 샷을 할 때는 큰 근육으로 스윙을 한다. 손목은 작은 근육이다.

미스 샷의 원인을 찾을 때도 작은 쪽보다는 큰 쪽에서부터 찾을 필요가 있다. 다운 스윙까지 잘 내려오다가 임팩트 순간에 부담이 느껴지는 것은 몸통의 릴리스가 원활하지 못했다는 증거이다. 손목보다 몸통이 자연스럽게 릴리스되고 있는지부터 점검해보자.

공략이란 정해져 있는 것이 아니다

그린 바로 앞에 벙커가 있을 때, 지금 위치에서의 거리나 볼의 상태로 볼 때 모험을 걸어야 한다면 한 번 더 확률을 생각해보자. 그린에 못 미친 거리에 편하게 샷을 한 후 다음 샷으로 홀을 공략할지, 아니면 벙커에 들어갈 확률을 안고 샷을 날릴지를 생각해보자. 그 밖에 벙커에 집어넣기보다 벙커를 피해가는 것도 싱글의 지름길이다.

띄우기와 굴리기

골프를 치다보면 여러 가지 상황에 맞닥뜨리게 된다. 가장 흔한 상황 중의 하나가 바람이다. 뒷바람이 불고 있을 땐 띄우는 샷이 필요하고, 앞바람이 불 때는 낮게 날아가는 샷이 필요하다.

띄우는 샷을 하기 위해서는 볼의 위치를 좀 더 왼쪽으로 하고 체중은 약간 오른쪽에 두고 스윙한다. 반대로 낮게 가는 샷은 볼의 위치를 오른발 쪽에 두고 확실한 핸드 퍼스트를 한 후 체중은 왼쪽에 실은 뒤 스윙에 들어간다.

골프 코스를 이기려 하지 말자

　장비가 발달함에 따라 골프 코스도 많이 변화하고 있다. 더욱 길거나 더욱 좁아지거나, 험난한 함정들이 너무나 많다. 하지만 바로 그것이 골프의 또다른 묘미가 아닐까?

　모든 코스에는 여러분의 코스 공략에 맞설 충분한 함정들이 기다리고 있다. 그러나 한 번만 생각하면 그런 함정들이 별 문제가 되지 않을 것이다.

　함정이 있다면 쉬운 길도 있기 때문이다. 급할수록 돌아가라는 말도 있지 않은가? 여유 있게 생각하며 자신의 노련함으로 골프를 즐겨보자.

경사지에서의 스탠스

 사진과 같이 경사지에서의 스탠스에는 심리적 불안감과 트러블 샷이라는 중압감으로 인해 스윙이 아닌 힘으로 해결하려 한다. 일반적으로 경사지는 물론이고 평탄한 페어웨이를 제외하고는 심리적 불안감과 부담을 안고 스윙을 하게 된다. 이런 문제들의 해결책은 바로 안정적인 균형을 유지하는 것이다. 지면의 경사도에 몸을 맞춰 어드레스 하는 것도 중요하지만, 스윙을 시작해서 끝낼 때까지 균형을 얼마나 확실하게 유지하는가에 좀 더 초점을 맞추도록 한다. 볼이 발보다 위에 있을 때에는

볼에서 약간 떨어져서 어드레스 하고, 경사 각도에 따라 그립의 길이를 조절하여 정확히 볼을 가격할 수 있도록 한다. 연습 스윙을 하면서 몸이 흔들리지 않는 각도를 정확히 느낀 뒤 핀의 약간 오른쪽을 겨냥하여 샷을 날린다.

드로 샷과 페이드 샷

일반적으로 볼을 컨트롤하려 할 때 가장 장애가 되는 것은 리듬감의 상실이다. 어떤 컨트롤을 위하여 샷을 할 때 이론에 집착한 나머지 자신의 리듬감을 잃어버리게 되면 크나큰 낭패를 보기 십상이다.

컨트롤 샷 중 가장 많이 쓰이는 것이 드로 샷과 페이드 샷인데 일단 자신만의 일정한 리듬감이 있을 때 시도를 하는 것이 성공적인 샷의 열쇠이다. 그렇지 못하다면 레이아웃으로 돌아가는 것이 훨씬 더 현명한 방법이 될 것이다. 일단 드로 샷을 구사하려면 백 스윙이 좀 더 낮게 이루어져야 한다.

드로 샷

스윙이 가파르지 않고 자연스럽게 될 수 있도록 백 스윙 시 약간 플랫한 느낌으로 들어주고, 다운 스윙은 컨트롤 하려는 급한 마음에 상체가 먼저 나오지 못하도록 확실한 하체 리드를 한 뒤 임팩트 후 오른팔이 왼팔을 휘감는 느낌으로 강하게 릴리스 해준다.

페이드 샷을 구사하려면 스탠스를 오픈하지 말고 왼발을 약간 닫아준다.

백 스윙을 좀 더 가파르게 가져가고 그러기 위해서 백 스윙 시 왼쪽 어깨를 약간 더 떨어뜨려준다. 드로 샷과 마찬가지로 확실한 하체 리드와 함께 임팩트 후 왼팔로 릴리스 동작을 하면서 오른쪽 어깨를 약간 올려주며 타깃을 향해 힘차게 밀어준다.

페이드 샷

러프에서

러프에 볼이 빠지면 페어웨이에서보다 가벼운 마음으로 어드레스에 들어가지 못한다. 볼이 러프에 들어갔다면 일단 주위를 살펴보면서 그린까지 샷을 하기 전에 전방에 장애물은 없는지 또 스탠스의 위치나 남은 거리를 계산하도록한다. 그러나 긴 풀에서의 부담감은 무엇으로 극복하면 좋을까? 일단 선택한 클럽보다 로프트가 1~2클럽 높게 잡아준다.

로프트가 큰 클럽일수록 잔디의 저항을 적게 받기 때문에 클럽이 빠져나오기가 쉽고, 결과적으로는 거리의 손실이나 실수의 확률이 적어진다. 또한 어드레스 시 헤드를 살짝 들어주어 백 스윙 시작할 때의 자연스런 상태를 만들어준다.

악조건에서는 더욱 부드럽게

'힘을 빼라'는 소리는 수도 없이 들었을 것이다. 골프를 치는 사람이라면 물론이고 80타를 깨려는 사람들은 어느 정도 힘 빼는 방법을 알고 있기 때문에 자칫 쉽게 생각할 수 있다. 그러나 너무 쉽게 생각하다 보면 전체적으로 스윙이 너무 느슨해져서 또 다른 실수를 유발시킬 수 있게 된다.

오히려 무작정 힘을 빼기보다는 힘차게 어드레스를 해준 뒤 심호흡을 한두 번 크게 하면서 적당하게 힘이 빠진 상태로 부드럽게 샷을 날려보자.

생각지 못한 상황에 당황하지 말자

당황, 즉 자신감의 상실은 미스 샷으로 바로 직결된다. 싱글 골퍼나 프로 골퍼들에게 가장 중요하다고 할 수 있는 건 바로 멘탈이다. 언플레이어블 볼을 선언하는 상황이 생겼다 해도 퍼팅이 잘 되어준다면 큰 문제 없이 해결할 수도 있는 것이다. 골프를 하다보면 행운과 불행이 자주 오고간다. 불행을 행운이 따를 징조라고 생각하자.

상황에 맞게 선택하자

앞에서 언급한 대로 그린을 공략할 때 최소한 3개의 클럽은 선택할 수 있다. 그러나 클럽을 선택함에 있어서 그린 주위를 꼼꼼히 따져봐야 한다. 만일 그린 바로 앞에 벙커가 있다면 여유 있는 클럽으로 편안하게 샷을 하기보다는 중간 클럽으로 자신 있게 공격적인 샷을 해주는 것이 좋다. 또 그린 앞이 평평하다면 여유 있는 클럽으로 가볍게 스윙해준다. 이와 같이 샷을 하기 전에 미리 2~3가지의 상황을 생각해본 후 원하지 않은 샷이 나왔을 때 다음 샷은 어떻게 할 것인지에 대한 충분한 계획에 세울 수 있다면 당신은 비로소 80타를 깰 수 있을 것이다.

'좀 더 멀리'가 실수를 유발한다

롱 홀 세컨 샷에서는 주로 어떤 클럽을 잡는가? 거의 페어웨이 우드일 것이다. 그린에 조금 더 가까이 가기 위해 위험을 감수하고 있지는 않은가? 어느 홀에든 함정은 도사리고 있다. 특히 롱 홀 세컨 샷 지점부터 그린 주위에는 벙커를 비롯하여 갖가지 장애물들이 기다리고 있다.

이럴 때 편안한 아이언 선택을 해보자. 버디의 확률이 훨씬 많아질 것이다. 멀리 보내기 위해 리듬의 흐름이 망가지지 않게 스윙을 하게 될 것이며 훨씬 더 중압감에서 벗어날 수 있을 것이다. 250남은 거리에서 150야드만 보내주어도 100야드가 남은 것이 아닌가? 부담 없는 마음에서 훨씬 더 훌륭한 굿 샷이 만들어질 것이다.

디봇

디봇에 볼이 들어가 있다면 그 디봇의 깊이를 먼저 파악하자. 얕은 디봇은 아무런 부담 없이 볼의 위치를 오른발 쪽에 두어 조금만 더 임팩트 위주로 펀치 샷을 구사한다. 여기서 펀치 샷을 해주는 것은 임팩트 후 조금 더 왼쪽 손목에 힘을 주어 클

럽이 빨리 릴리스 되지 않으며, 톱 볼의 위험을 조금이라도 감소시키기 위해서이다. 그러나 디 봇의 깊이가 깊다면 다음 샷을 기약하고 숏 아이언으로 레이아웃 하는 것이 안정된 플레이와 점수관리에 지대한 영향을 끼칠 것이다.

볼의 탄도를 알아보는 방법

러프에서 흔히 나무나 장애물을 넘기려 할 때 볼이 어느 정도 떠야 하는지 판단을 할 것이다. 그러나 자신이 선택한 클럽이 어느 정도 뜰 것이라는 정확한 느낌이 없다면 손목을 무리하게 쓰거나 헤드 업의 실수 때문에 더욱 나쁜 위치로 들어가게 된다.

자신이 선택한 클럽이 어느 정도 높이로 떠서 나갈지에 대한 확인방법으로는 클럽을 볼 옆에 내려놓고 발로 페이스를 지면과 수평이 되게 밟아본다. 이때 그립이 가리키는 곳이 볼이 나아갈 각도이다.

펀치 샷은 생각지 못한 것들을 일깨워준다

바람이 불거나 초조해질 때, 뭔가 잘 안 풀린다고 생각이 들 때나 부정적인 생각이 자꾸 들 때엔 펀치 샷을 구사해보자. 펀치 샷을 하면 '아, 그랬었지!'를 연발할 것이다. 힘주어 때리지 않아도 멀리 나가고 간단할수록 원하는 곳으로 보낼 수 있다는 걸 느낄 수 있을 것이다.

숏 아이언은 업라이트로 들어보자

피칭웨지나 9번 아이언을 휘두를 때는 거리보다는 정확도에 중점을 두게 된다. 그러기 위해서는 가파른 스윙으로 하향 타격을 해야 할 필요가 있다. 골프백을 이용하여 가파른 백 스윙을 연습해보자.

Around Green

CHAPTER 3

그린 주위

Golf

3

로브 샷

볼을 왼발 쪽으로 위치시키고 클럽 페이스를 확실히 오픈 시켜준다. 절제된 백스윙 코킹을 하여 손목으로 인한 실수를 최소화하고 퍼팅 스트로크를 하듯 낮게 피니시를 만들어준다. 그러나 지면이 단단하거나 모래가 많을 때에는 가급적 로프트가 낮은 클럽을 선택하는 것이 현명하다.

칩 샷

힘 있고 큰 스윙의 궤도가 필요하지 않기 때문에 스탠스는 좁게 서준다. 많은 손동작이 필요하지 않기 때문에 퍼터를 잡을 때처럼 클럽을 잡는다. 볼의 위치는 하향 타격을 위하여 중앙보다 오른쪽에 놓는다. 무릎은 약간 구부려주고, 허리는 편안하게 숙여준다. 마지막으로 체중은 약간 왼쪽에 놓고 몸을 자연스럽게 오픈 시켜준다.

- 좀 더 실수를 줄이기 위하여 그립은 내려 잡는다.
- 하향 타격을 위하여 볼은 오른발 쪽에 놓는다.
- 퍼터를 할 때처럼 왼팔도 약간 구부려 준다.
- 어깨에는 최대한 힘이 들어가지 않게 한다.

스핀의 조절로 그린을 공략하자

내리막 그린에서는 처음부터 잘 굴러가도록 손목의 움직임을 최소화하여 퍼팅 스트로크를 하듯 부드러운 리듬에 중점을 둔다. 오르막 그린에서는 런이 짧아지므로 약간은 과감한 손목 코킹으로 자신 있게 히트한다.

오른쪽 무릎을 이용하자

하체를 사용치 않고 칩 샷을 하다보면 자연스러움이 떨어지면서 몸의 경직된 동작과 함께 거리감을 쉽게 찾지 못한다. 칩 샷에서의 다운 스윙 동작도 하체의 리드는 대단히 중요하다. 다운 스윙 시 오른쪽 무릎을 왼쪽 무릎으로 살짝 밀어주면서 임팩트하면 굉장히 부드러운 타구감과 거리감을 얻게 될 것이다.

가장 쉬울 것 같으면서 가장 어려운 헤드 업

칩 샷의 실수 대부분은 바로 헤드 업이다. 공을 쳐다보지 않는다고 헤드 업 하지 않았다고 볼 수는 없다. 터치의 감으로 믿음을 가질 수 있도록 해보자. 잘 굴러서 홀에 들어갔다고 만족하기보다 좋은 임팩트 느낌을 유지할 수 있게 연습해야 거리감과 터치감을 오랜 시간 유지할 수 있다.

웨지만을 써야 하는 법은 없다

 경우에 따라서는 미들 아이언이나 숏 아이언 또는 페어웨이 우드로 공략할 수도 있다.

 웨지로 뜨지 않게 치려하지 말고 7~8번 아이언으로 롱 퍼트 하듯 쓸고 나가는 방법을 쓰면 훨씬 부담 없는 깨끗한 샷이 만들어질 것이다.

 페어웨이 우드도 마찬가지다. 잔디의 마찰을 줄여 팔로 스루 때의 매끄러움을 만들기 위해 우드를 선택하는 것도 좋은 방법 중의 하나이다. 이때 주의할 점은 어떻게 히트 하느냐보다 거리감만 생각하고 자신 있게 스트로크 하는 것이 좋은 칩 샷의 열쇠이다.

퍼터를 웨지처럼

그린 엣지가 얼마 남지 않은 거리에서 샷에 부담이 느껴진다면 과감하게 퍼터를 이용해보자. 퍼터로서 공략할 때는 백 스윙 시에 손목을 적당히 코킹해주고 임팩트 후에는 샷과 마찬가지로 자연스럽게 릴리스 해준다. 이는 헤드 페이스를 너무나도 간절하게 핀 쪽으로 보내려다 갖가지 실수를 만들기 때문이다. 싱글 정도 되면 멋진 칩 샷이나 볼을 띄우려고 하는 심리가 생기기 마련이다. 하지만 띄우기보다는 굴리기가 확률적으로 훨씬 안전하다는 것을 명심하자.

엣지의 경계선 상에서

 이런 위치에서는 샌드웨지나 로브웨지의 날 부분을 이용한다. 백 스윙 시 잔디의 저항을 거의 받지 않기 때문에 임팩트의 조절이나 거리감에 있어서 큰 도움을 받게 된다. 단, 어드레스 때는 확실한 핸드 퍼스트와 퍼팅 그립으로 손목이 아닌 자연스런 어깨회전으로 공략하도록 하자. 또한 클럽은 지면에서 약간 떠있는 상태로 백 스윙을 시작한다.

꼭 그린에 떨어져야 하는가?

 보통 내리막 그린을 공략할 때는 그린 바로 앞부분을 공략하여 낭패를 맛본 경우가 많을 것이다. 이럴 때는 굳이 그린보다는 그린 앞에 떨어뜨려 바운드를 생각한다. 원 바운드에서 투 바운드, 쓰리 바운드까지 확실히 결정한 다음 자신이 생각한 곳으로 보낸다는 자신감을 가지고 시도하면 충분히 만족스런 결과를 얻을 것이다.

그린 주위 모래바닥에서

    가끔씩 그린 주위의 잔디가 많이 상해서 모래밭처럼 되어 있는 경우를 보았을 것이다. 이럴 땐 감각이 아닌 기계적인 스윙을 해준다. 클럽은 웨지나 숏 아이언보다 미들 아이언이나 롱 아이언을 선택하는 것이 유리하다.

    약간 빠른 템포로 손목을 쓰지 않으면서 어깨의 회전으로만 볼을 타격하자. 톱 볼의 부담감을 생각지 말고 톱 볼을 친다는 느낌으로, 약간은 빠른 속도로 단순하게 치고 나간다. 젖은 잔디에서도 방법은 같다.

볼을 떨어뜨릴 지점만을 생각하자

어드레스를 취할 때까지는 '어디에 떨어뜨려서 어떻게 굴러갈 것이다.' 라고 계산했다가도 스윙이 시작되면 무심결에 홀 컵 쪽으로 볼을 보내버리는 일이 허다하다. 떨어뜨릴 곳을 계산했다면 바로 그곳이 홀 컵이라 생각하고 샷을 하자. 훨씬 정확한 타구감과 정확도가 자연히 형성될 것이다.

샌드웨지만을 사용하며 런의 절실함을 느껴보자

샌드웨지로시 띄우는 공략만을 단 몇 홀이라도 고집하면 런이 얼마나 필요하고 편리한 공략인지 쉽게 알 수 있을 것이다. 볼이 떨어진 지점에서 얼마나 굴러가야 하는지의 거리감과 절실함이 바로 런의 계산에 많은 도움이 될 것이다. 그 후 8번이나 9번 아이언으로 칩 샷을 해보면 볼을 다루는 데에 있어서 낮은 탄도가 컨트롤하기에 훨씬 편하다는 것을 느끼게 될 것이다.

남은 퍼팅 거리의 평균 거리를 알아보자

자신의 어프로치 평균 세이브율과 어느 정도 거리의 퍼팅을 집중 연습해야 할지를 판단할 수 있는 연습법이다. 우선 홀 컵 20~30야드 지점에서 볼 11개를 어프로치 해본다. 그러고 난 후, 핀에 가까이 붙은 좋은 볼 5개와 그렇지 않은 볼 5개를 골라낸다. 바로 남은 1개의 볼이 자신의 평균 어프로치 세이브 거리이다.

지루하지 않게 연습할 수 있고, 어느 정도의 퍼팅 거리감을 연습해야 할지 알게 될 것이다. 평균 어프로치 거리가 5m라면 라운드 중에 5m의 퍼팅 거리가 남을 확률이 많아질 것이다.

내리막 라이에서의 숏 어프로치

흔히들 '눌러준다'고 하는 방법이다. 역시 여기서도 열쇠는 백 스윙이다. 내리막이라는 부담감과 핀까지 그린 앞에 위치해 있다면 일단 띄워야 한다는 생각에 백 스윙을 시작할 때 손목을 꺾게 된다. 바로 그 손목 동작이 크나큰 실수의 요인이다.

이럴 때는 그립의 압력을 좀 더 강하게 잡고 오직 어깨의 동작으로만 바로 들어준다. 볼의 위치는 오른발 쪽에 위치하고 그런 다음 자신 있게 스트로크 해주면서 헤드가 지면에서 빨리 퍼올려지지 않도록 좀 더 낮게 밀어준다.

퍼트 & 칩 샷

조금의 실수도 용납지 않는 숏 게임에서는 부드러움과 날카로움이 겸비되어야 한다. 그린 주위에서의 샷 중 퍼트 & 칩 샷은 좋은 해결방법 중 하나이다. 일반적으로 퍼팅 그립과 퍼터 스트로크로서 이 샷의 기술을 알고 있지만 마지막으로 가장 중요한 헤드의 셋 업 방법을 명심하자.

어드레스 시 헤드의 밑바닥 전체가 지면에 닿도록 하기 위해서 손목을 약간 앞으로 내밀어준다. 볼이 놀라지 않으면서 부드럽게 나아가게 하기 위해서 퍼터와 비슷한 각도를 만들어주는 것이다.

일정한 크기의 백 스윙으로

　자신의 일정한 백 스윙 크기로서 모든 클럽의 거리감을 외워둔다. 자신이 피칭웨지로서 백 스윙 크기를 골반까지 가져가 그대로 스윙을 했을 때 몇 발짝 나아가는지, 똑같은 방법으로 8번 아이언, 9번 아이언 등등 클럽별로 본인의 일정한 스윙 크기에서는 얼마나 나아가는지에 대한 확실한 거리감을 갖추었을 때 그린 주위 실력에 엄청난 결과를 안겨줄 것이다. 거리감에 대한 확신은 그대로 편안한 스코어 관리에 직접적인 결과를 가져온다.

어프로치 샷에서 가장 흔한 실수는 톱 볼

홀 컵이 가까이 있는 상태에서는 한 치의 실수도 용납할 수 없기 때문에 누구나 조급해지기 쉽다. 이로 인해 어이없는 톱 볼이 흔하게 나온다.

이런 톱 볼은 클럽 헤드를 볼 밑으로 휘둘러야 한다는 잘못된 생각으로 인해 만들어진다. 톱 볼의 실수를 줄이기 위해서는 다운 스윙이 가파르게 이루어질 수 있게 셋 업을 취해야 한다. 확실한 핸드 퍼스트와 왼쪽에 체중을 두고, 임팩트 직후 손으로 클럽 헤드를 리드할 수 있게 한다. 이런 방법으로 스트로크를 해주어야 스핀의 양과 적절한 컨트롤이 이루어질 수 있다.

손목을 잘 쓰는 것도 숏 게임의 기술이다

일반적으로 숏 게임의 경우 손목을 너무 기계적으로 쓰다가 실수를 하는 경우가 많다. 백 스윙이 시작될 때 클럽 헤드가 먼저 출발하게끔 손목을 살짝 꺾어주면 훨

씬 부드러운 스윙 궤도를 느낄 수 있다. 그렇게 되면 다운 스윙 시 손목의 리드와 임팩트 후의 손목 처리가 손쉽게 이어진다.

Bunker Shot

CHAPTER
4 벙커 샷

Golf

4

상황에 따라 클럽을 선택하자

벙커에서 무조건 샌드웨지만을 생각하지 말고, 자신의 무한한 상상력을 발휘해 보자. 샌드웨지를 선택하는 건 떠내기 위함이다. 떠낼 필요가 없다면 샌드웨지를 잡아야 하는 이유도 없다. 벙커 턱이 거의 평평한 상태라면 8번 아이언이나, 심하게는 퍼터를 선택하는 것이 훨씬 더 현명한 방법일 수도 있다.

그린에서 30~50 야드 거리의 벙커 샷

제일 까다로운 벙커 샷이라 할 수 있는 이 거리에서의 벙커 샷은 의외로 간단히 해결할 수 있다. 일단 그린 주위에서 벙커 샷을 하듯이 동일하게 셋 업한 후, 샌드가 아닌 52도나 피칭웨지로 스윙한다. 절대로 부정적인 생각을 갖지 말고 자신 있게 스윙한다.

가파른 오르막 그린의 벙커 샷

홀 컵이 보이지 않을 정도의 벙커에서는 일단 불안감으로 인한 짧은 샷이 나올 가능성이 매우 크다. 이럴 땐 어드레스 시 클럽 페이스를 많이 열고, 스탠스는 좀 더 오픈 스탠스를 취한다.

핀의 위치를 생각하지 말고 절대적으로 한 번에 온 그린의 목표만을 가지고 힘차게 스윙한다. 자칫 핀에 조금이라도 더 붙이려다 다시 제자리로 굴러 떨어지는 의미 없는 샷이 나올 수 있으므로 주의한다. 팔로 스루를 길게 나가며 스윙할 필요 없이 볼 뒷부분을 강하게 폭파 시킨다는 느낌으로 때린다.

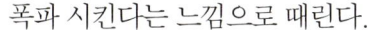

사이드 벙커

티 샷이 페어웨이가 아닌 벙커에 빠졌을 때 한 클럽 더 잡고 쳐내야 할지, 페어웨이에서와 똑같이 힘을 주어 쳐내야 할지 클럽 선택에 있어서 고민을 하게 될 것이다. 사이드 벙커에서는 보통 페어웨이에서와 같은 클럽을 선택한다.

단, 어드레스 시 볼의 위치를 조금 더 오른발 쪽에 위치시키고 볼을 직접 타격한다. 일반적인 스윙을 할 때처럼 오른쪽 어깨를 다운시키지 말고 두 어깨를 평행하게 해준 뒤 스윙한다. 급한 스윙으로 인한 실수를 최소화하기 위해 테이크 백 동작은 천천히 올려준다.

박혀 있거나 발자국에 들어갔을 때

무조건 페이스를 오픈하면 안 된다. 이럴 때는 샌드웨지라 하더라도 클럽을 오픈시키지 말고 클럽 페이스를 홀 컵 방향에 똑바로 하게 한다. 한 장의 지폐를 생각하고 모래를 넓고 힘차게 파준다. 볼을 떠내는 것이 아니라 튕겨 내보낸다는 생각으로 샷을 하자.

벙커 샷의 기본, 셋 업

 보통 싱글 골퍼라 하더라도 셋 업 자세가 미숙해서 실수가 많이 나온다. 일반적으로 볼의 위치를 오른발로 놓는다고 알고 있지만 벙커 샷은 볼 뒤쪽을 타격하기 때문에 볼의 위치는 약간 왼쪽으로 하는 것이 올바른 셋 업 자세이다. 이 자세에서 클럽 페이스와 스탠스를 각각 오픈 시켜준다.

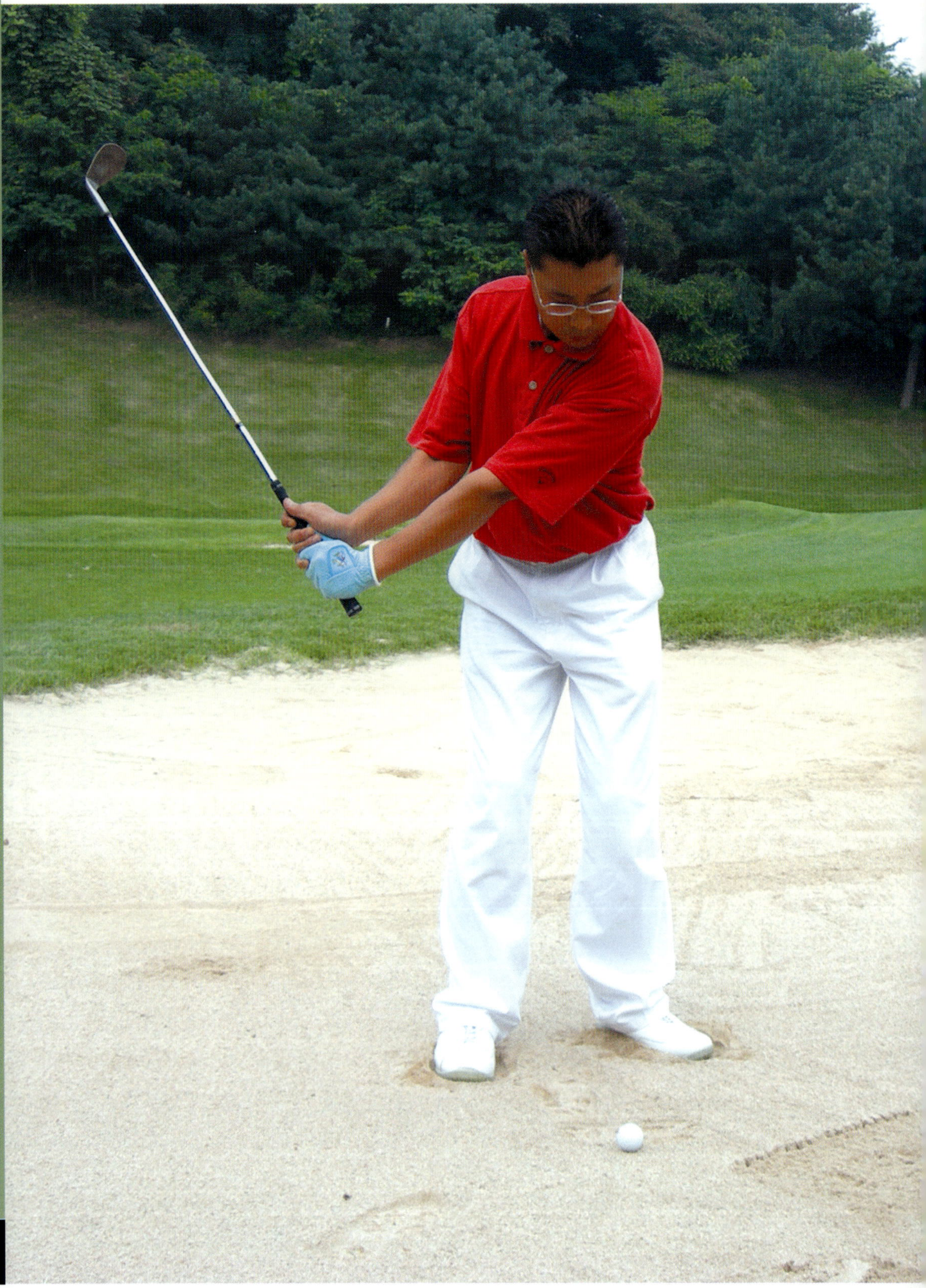

Putter

CHAPTER

5 퍼터

Golf

5

스트로크를 점검하자

 어느 정도 구력이 있고, 골프를 조금은 친다 하는 사람들은 대부분 퍼터에 대해 감각이라 말한다. 그러나 그 감각이란 것이 일관성이 없기 때문에 주기적으로 자신의 스트로크를 체크해야 한다. 골프 중에서 퍼터는, 스트로크가 가장 작긴 하지만 그만큼 아주 작은 실수에도 치명적인 결과를 가져온다. 간단한 스트로크 체크 방법으로 홀 컵을 향하여 2개의 클럽을 나란히 놓아두고 스트로크를 한다. 어드레스는 누구나 차이점이 있겠지만 스트로크는 창조적일 수가 없다. 자신의 스트로크를 직접 확인하여 늘 일정하고 부담 없는 깨끗한 스트로크가 되도록 효율적으로 연습을 해보자.

거리감만을 생각하자

버디를 노리고 확실한 파 세이브를 하기 위한 방법은 퍼팅 중에서도 숏 퍼터의 세이브율이라 할 수 있다. 3~4발짝 이내의 숏 퍼터는 확실한 거리감이다.

라이를 정확히 보고 스트로크도 제대로 되었지만 숏 퍼터에서 실수가 자주 나오게 되는 것은 꼭 집어넣어야겠다는 부담감에서 나오는 거리감의 상실이라 볼 수 있다.

그것은 곧바로 헤드 업으로 이어지고 그 결과는 뻔하다. 어드레스에 들어간 후부터는 홀 컵만을 응시하기보다 얼마 만큼의 세기로 공을 보내야 하는지에 중점을 두고 임한다. 어드레스 자세에서 볼의 딤플을 뚫어지게 쳐다보는 것도 하나의 방법이다.

때론 스탠스를 조정할 필요도 있다

무조건 볼이 나아갈 라이와 평행이 되게 스탠스를 취할 필요는 없다. 지나치게 편한 쪽으로 흘러가는 것도 문제가 되겠지만, 그렇다고 불편함을 무릅쓰고 정석만을 고집할 필요도 없다. 심리적인 편안함이 자신의 스코어에 큰 영향을 끼칠 수도 있다. 칩 샷을 할 때처럼 왼쪽 발을 15도 가량 오픈하거나, 왼쪽 발만을 5~7cm정도 뒤로 빼는 것도 좋은 방법 중의 하나이다.

숏 퍼터 향상법

홀 컵을 기준으로 10개의 볼을 한 발짝 거리로 놓아둔다. 순서대로 퍼팅을 하되 중간에 하나라도 홀 인되지 않으면 처음처럼 다시 세팅을 시작하여 연습한다. 웬만큼 집중하지 않으면 안 되므로 볼 하나하나에 최선을 다하게 될 것이고, 집중력이 굉장히 좋아질 것이다. 그리고 차츰 롱 퍼터까지 연습한다면 참을성까지 길러질 것이다.

1m 정도에서

3m 정도에서

5m 정도에서

완벽한 퍼팅 스트로크는 간단하다

상황에 따라서 백 스윙의 크기나 팔로 스루의 크기를 조절하는 것은 극히 위험한 행동이다. 변함없는 완벽한 스트로크로서 흔히 말하는 '감' 보다는 흔들림 없는 일정한 스트로크를 할 수 있을 때 비로소 거리조절 능력이 발휘되는 것이다.

간단하게 자신의 스트로크가 백 스윙이 큰지 팔로 스루가 큰지 확인을 해본다. 또한 밀어주는지 약간 때려주는지도 확인한다. 일단 퍼팅 스트로크에 있어서는 백 스윙과 팔로 스루의 길이가 똑같을 때 실수할 확률이 적다.

백 스윙과 팔로 스루의 길이가 똑같은 스트로크를 가지고 있을 때 속도 제어가 가장 쉽다. 또한 때려주어야 하는 상황에서는 스트로크의 속도를 빨리하고, 밀어줘야 하는 상황에서는 스트로크의 속도를 느리게 할 수 있다.

결과적으로 손목이나 그립의 압력 등 작은 근육과 작은 힘들이 스트로크에 방해를 하지 않게 아주 단순한 어깨의 움직임만으로 스트로크의 속도와 거리감을 익히도록 하자.

83

점 하나만을 생각하자

퍼팅 라인을 읽을 때나 어드레스에 들어갔을 때 볼을 보지 말고 볼과 지면 사이에 만들어지는 작은 점 하나만을 생각하자. 홀 컵으로 빨려 들어갈 확률적 공간이 훨씬 커질 것이다. 그러면서 한편으로는 홀 컵이 굉장히 크게 보이면서 마음의 여유까지 가져다줄 것이다.

롱 퍼팅

롱 퍼팅에서는 그린의 전체적인 휘어짐이나 발짝 수를 세지 말고 휘어지기 시작하는 지점에 집중한다. 그 휘어지는 지점을 타깃으로 하여 자신 있게 스트로크 해야 흔들림이 많이 없어진다. 전체를 보기보다 한 지점만을 보는 것이 홀 컵에 일직선으로 정열하지 않은 것에 대한 두려움에서 벗어나 편안한 스트로크를 형성할 수 있다.

내리막 그린

　내리막 그린에서는 볼을 치기보다는 잘 굴려서 라이를 태우는 것이 무엇보다 중요하다.
　어드레스 시 스탠스는 좁게 서주고, 체중은 왼발 쪽에 싣는다. 백 스윙은 최대한 작고 절제되도록 해주고, 임팩트 시에는 손목의 움직임이 없도록 그대로 짧게 밀어 준다.

오르막 그린

　오르막 그린에서는 거리의 조절을 백 스윙의 크기에 완전히 의존해보자.
　스탠스는 칩 샷 하듯이 약간 오픈 스탠스를 취한다. 그대로 길게 백 스윙을 해주며 헤드의 무게감으로 급하지 않게 임팩트 한 후 시계추를 생각하며 자연스럽게 릴리스 한다.

바운드 퍼팅

롱 퍼팅이나 간혹 숏 퍼팅에서조차 출발과 동시에 볼이 바운드 되는 사람들이 있다. 이런 원인은 스트로크의 문제점보다 어드레스 시 헤드 위치에 잘못이 있다.

볼이 임팩트 되면서부터 그대로 부드럽게 굴러가기 위해서는 퍼터 헤드가 지면에서 올라가는 시점에 임팩트 되어야 한다. 그러기 위해서 어드레스 때에 볼의 위치를 중앙보다 왼쪽에 위치시키고 임팩트 직후 헤드가 살짝 들리는 퍼터 릴리스 동작을 익혀야 한다.

How to Use Practice Range

제6장 | 연습장 활용법

CHAPTER 6

연습장 활용법

Golf

6

연습장 활용법

　연습장에서 연습하는 사람들을 지켜보면 대부분 2~3분의 가벼운 준비운동 후 곧바로 어프로치, 숏 아이언, 미들 아이언, 롱 아이언, 우드, 드라이버 순으로 연습을 한다.

　그러나 안정적인 70대들은 10~20분의 충분한 스트레칭 후 연습시간의 50% 정도를 숏 게임에 투자한다.

　그후 스윙의 리듬에 치중하여 지나친 감각의 샷을 방지하고, 마무리는 늘 15~20분 남겨두고, 다시 숏 게임으로 한다.

　평상시 연습시간이 부족하다고 생각하겠지만 시간의 투자 없이는 좋은 결과가 있을 수 없다.

스트레이트가 전부가 아니다

'똑바로, 멋지게, 멀리' 만을 생각하며 연습하는 습관을 버리자.

80타를 깨려면 볼을 다룰 줄 알아야 한다. 볼을 다룬다는 것은 볼을 어떻게 치면 어떤 결과가 나올지 알아야 하고 그걸 구사할 수 있어야 한다.

연습을 할 때에도 한쪽 방향만 보지 말고 스탠스는 그대로 유지한 채 손목이 아닌 몸으로 왼쪽과 오른쪽으로 번갈아가며 샷을 연습해보자.

일단 '똑바로' 에 대한 부담감이 작아질 것이고 볼 컨트롤도 크게 향상될 것이다.

연습장은 말 그대로 연습하는 장소이다. 그렇기 때문에 연습도 다양한 방법으로 할 수 있어야 한다. 일단 머릿속의 이론보다는 몸이 느낄 수 있게 자신만의 느낌으로 연습해보는 것도 큰 도움이 된다.

많은 사람들이 연습장에서 지치고 짜증내는 가장 큰 이유는 공이 똑바로 멀리 나아가지 않기 때문이다. 사실 똑바로 나아가서 낭패를 보는 경우도 있다. 즐겁게 연습하자.

100M를 겨냥하자

연습장에서 숏 게임 후 풀 스윙을 하기 전 모든 아이언을 가지고 100M를 타깃으로 연습해보자. 거리를 클럽이 아닌 몸으로 느낄 수 있는 가장 좋은 방법이다.

특히 롱 아이언을 연습할 때에는 작은 백 스윙으로도 효과적인 임팩트가 이루어질 수 있다는 믿음이 생길 것이다. 러프에서 레이아웃 할 때에도 이 연습방법은 대단히 효과적이다.

아울러 편안한 바디턴과 자연스런 릴리스를 익히기엔 최고의 방법이다.

페어웨이를 연습장 그라운드로 생각하자

　연습장에서는 잘 맞다가도 코스에 나오기만 하면 생각지도 않게 나아가는 샷 때문에 당황한 적이 많을 것이다.
　자신의 문제점이 무엇이고 그것에 대한 연구와 연습에는 아낌없이 투자하지만, 그 결과를 보기 위해 너무나 급하게 마음을 먹고 긴장하는 것이 미스 샷의 원인이라 할 수 있다.
　티 그라운드에서 여유를 찾기 위한 한 방법으로 늘 연습하던 골프 연습장을 떠올리며 해보자.

바운드를 생각하고 샷을 날리자

　어떻게 나아가느냐보다 어느 부근에 떨어지는가에 초점을 맞춰보자.
　페어웨이의 높낮이를 한번쯤 관찰해보면 바운드에 의해서 볼의 방향이 결정되는 곳이 많다.
　'똑바로 나아가면 좋지만 우측에는 경사가 있기 때문에 약간 슬라이스가 나도 괜찮겠네' 정도의 생각만 해도 마음의 여유는 두 배 이상이 될 것이다.

바람을 이용하자

바람이 많이 부는 날에는 예민해지기가 쉽다.
자칫 집중력을 잃어버리면 여지없이 미스 샷으로 이어지고 만다.
오히려 바람을 즐기고 이용하자.
훅 바람이나 슬라이스 바람이 불 때에는 타깃보다 우측이나 좌측을, 앞바람이나 뒷바람 일때는 한두 클럽 더 선택하거나 덜 선택하면 된다.
중요한 건 자연과 함께 할 수 있다는 여유로운 마음가짐이다.

긴 홀일수록 리듬감을 잃지 말자

'보다 더 멀리'는 모든 골퍼들의 공통된 희망사항이다.
바꿔 말하자면 모든 골퍼들에게는 나름의 욕심이 있다는 말이다.
그 욕심을 어떻게 조절하느냐가 바로 열쇠이자 해답이다.
힘껏 때린다고 많이 나가는 것은 결코 해답이 될 수 없다.
힘이 아닌 일정한 리듬감으로서, 흔들리지 않는 샷이야말로 거리를 늘릴 수 있는 지름길이다. 골프는 리듬이란 걸 명심하자.

남에게 보이려고 하지 말자

남에게 보이려고 한다는 것은 남을 의식한다는 것이다.

수많은 갤러리들 앞에서도 편안하게 멋진 스윙을 구사하는 프로들을 보면 자신의 리듬으로 스윙하는 것이지 결코 갤러리들을 위해 스윙하는 것이 아니다.

첫 홀 티 그라운드에서 여러 사람들을 의식하다 미스가 나면 우선 창피한 마음이 앞선다.

그러나 명심해야 할 것은 자신이 이 많은 갤러리들의 주인공이 아니라는 것이다.

실수가 났다고 해서 창피해 할 이유도 없고 멋진 샷을 날렸다고 으쓱해질 필요도 없다. 뒷팀 플레이어들은 그런 모습을 전혀 신경쓰지 않는다.

무조건 드라이버를 고집하지 말자

자신이 샷을 언제나 100% 스트레이트로 때릴 수 있다면 몰라도 골프는 언제라도 변수가 생길 수 있는 운동이다. 좁은 홀도 있고, 넓은 홀도 있고, 휘어진 홀도 있다.

현명한 로우 핸디 골퍼라면 다양한 클럽으로 티 샷을 공략할 줄도 알아야 한다.

드라이버보다는 우드가, 우드보다는 아이언이 거리는 손해를 볼지언정 계획한 샷의 성공 확률이 높다는 걸 명심하자.

파워를 위한 몸풀기 연습

클럽을 거꾸로 잡고 스윙을 해보자. 파워를 내기 위하여 휘두른다 해도 백 스윙 톱에서부터 힘이 가해지거나 빨라지진 않는다.

이 연습법은 샷하기 전 과도한 힘쓰기 방지에 효과적이다.

바람 가르는 소리를 통해 어느 위치에서 힘을 줘야 하는지도 빨리 파악될 것이다.

절대 스윙에 집착하지 말자, 스코어는 숏 게임이다

 티 샷하기 전 과도하게 스윙의 이론만을 생각하는 것은 경직된 몸으로 샷에 임하는 지름길이다.
 '페어웨이로만 가면 된다.'를 생각하라. 연습장에서 반복적인 스윙을 연습하듯이 실전에서도 일관성 있는 반복동작의 연속이라고 생각하자.
 골프는 자연 지형과의 승부이므로 단 한 번이라도 상황이 같을 수는 없다.
 그저 굿 샷을 날릴 수 있다는 생각만 가지고 편안하게 스윙을 하자.
 스윙의 고민에 빠져 있다면 당분간 아무 생각 않고 숏 게임에 치중하는 것도 훌륭한 요령이다.

간단하게 생각하자

짧은 순간의 스윙 동작에 이것저것 많은 생각을 할 수는 없을 것이다.
좋은 샷을 하기 전 스윙에 대해 크게 두 동작으로 즉, 백 스윙과 다운 스윙으로 나누어 생각하자.

백 스윙은 어깨와 팔, 다운 스윙은 골반과 두 무릎의 동작만 생각하자.
 백 스윙 때는 어깨와 팔로 자신있게 상체를 감아주고, 다운 스윙 때는 골반과 두 무릎으로 확실하게 리드해 주면 훨씬 편안하고 간단한 스윙이 만들어질 것이다. 좋은 샷을 하기 전에 각각 이 두 동작만 생각하자.

올바른 셋 업 단계

 티를 꼽은 후 일어나서 방향을 한 번 간단히 보고 그대로 어드레스 하기보다는 볼이 나아갈 비구선에 헤드 페이스를 정렬한다. 그래서 그 선에 평행되도록 두 발의 스탠스를 맞추는 식으로 늘 일정한 계획의 견고한 어드레스를 할 수 있도록 연습해보자. 방향의 문제와 심리적 부담감에서 많이 해방될 것이다.

얼라이먼트의 간단한 요령

어드레스 전 볼이 나아갈 방향으로 클럽 하나를 지면에 정확히 맞추어 놓는다.

자신이 정렬을 맞추어 놓은 상태이기 때문에 불안감을 버리고 그대로 샷을 해본다. 반복적인 연습을 통해 정확한 얼라이먼트를 갖추도록 한다. 그런 상황에서 자신의 초점이 어느 쪽에 맞추어져 있는지 명확한 판단을 한다.

핀보다 왼쪽을 보고 있는 느낌이 든다면 그 느낌대로 어드레스를 취하자.

가장 중요한 건 자신의 느낌대로 하나 보면 많이 어려워진다는 사실이다.

왜글을 크게 하자

보통 왜글을 할 때에 헤드를 살짝 들어 올린 후 손목의 긴장을 푸는 동작으로 마무리 한다.

그러나 앞으로는 스윙을 하는 느낌으로 테이크 백까지 클럽을 가져가자. 스윙이 시작되는 부분에서 동작을 점검할 수도 있고, 스스로 믿음을 가지고 자신 있는 백스윙을 하기에도 도움이 될 것이다. 하지만 너무 여러 번의 왜글은 동반 경기자와 자신에게 절대 도움이 되지 않는다. 한두 번의 왜글이 가장 적당하다.

페어웨이 우드

어느 날 갑자기 페어웨이 우드가 어렵게 느껴졌다면 일단 스윙 궤도를 의심하자. 손쉽게 체크 할 수 있는 방법은 현재 자신이 드라이버 샷과 아이언 샷 중 어떤 것이 편한지 생각해본다. 드라이버 샷이 편하다면 아이언을 치는 방법으로 스윙을 하고, 아이언 샷이 편하면 드라이버를 휘두르듯이 해보자. 결과에 만족할 것이다.

참고로 페어웨이 우드가 훅이 난다면 아이언을 치듯이 스윙을 하고, 슬라이스가 난다면 드라이버를 휘두르듯이 스윙을 하자.

간단한 어드레스 체크법

똑바로 선 다음 허리를 곧게 편 채로 상체를 숙인다. 엉덩이는 약간 업 동작을 취해 주면서 두 팔을 축 늘어뜨린다. 이 자세가 바로 자신에게 가장 적합한 어드레스 자세이다. 거울을 이용하여 클럽을 쥐고 어드레스 했을 때와 비교를 하며 체크를 해 보자.

스윙 리듬과 궤도를 향상시키는 방법

　어드레스를 견고히 한 뒤 오른손은 뒷짐을 지고 왼손으로만 빈 스윙을 해본다. 이 연습법은 백 스윙 시 몸에 의존하지 않고는 제대로 된 스윙 궤도가 만들어지지 않는다는 것을 느끼게 해준다. 또한 다운 스윙 시에도 확실한 하체 리드의 필요성을 느끼게 하기 때문에 몸통회전의 올바른 쓰임을 충분히 알게 될 것이다.

클럽과 팔만으로 핸드 퍼스트를 만든다

어드레스를 하면서 가장 중요한 균형이 만들어진다. 균형이 깨지지 않고 어드레스를 만들기 위하여 모든 클럽을 두 발의 가운데에 놓도록 한다. 그 다음 손과 헤드만 볼의 위치에 맞추어 왼쪽이나 오른쪽으로 이동시킨다. 올바른 어드레스를 하기 위해서 지금 당장 연습해보자. 일반적으로 핸드 퍼스트를 취하면서 얼라이먼트가 흐트러지는 경우가 가장 많기 때문이다.

리듬감을 찾는 빈 스윙

 일반적으로 샷을 하기 전 빈 스윙을 하지만 그때에도 경직되고 뻣뻣한 어드레스에서 시작하시 말고, 클럽을 왼쪽으로 두 손이 왼쪽 허벅지를 지나가게 밀어준 다음 그대로 미끄러지듯 백 스윙을 올린다. 모든 스윙 궤도는 손이 아닌 자신의 몸과 리듬에서 나오기 때문이다.

피니시 자세가 뒤로 넘어질 때

이런 경우는 거의 대부분이 체중이동의 잘못이다. 백 스윙 동작 시 몸을 움직이지 않고 회전하려다 왼발 쪽에 체중이 너무 많이 남게 되기 때문에 임팩트 시에는 반대로 오른발 쪽으로 체중이 옮겨가는 현상이다. 이렇게 되면 거의 대부분 슬라이스를 유발하고 만다.

바디 턴이라고 해서 제자리에서만 몸을 회전하려 하지 말고 확실한 체중이동을 해주어야 한다. 이런 때에는 백 스윙 시 골반을 틀어주면서 상체를 오른쪽으로 약간 밀어준다.

백 스윙 시 두 팔이 안으로 당겨질 때

백 스윙을 안으로 당기게 되면 톱 동작에서 두 팔이 흔들리며 다운 스윙을 팔로 하게 된다.

이럴 때 무작정 업라이트로 들어 올리려다보면 역시 팔로만 볼을 때리는 스윙이 되고 만다.

테이크 백 동작까지 클럽 헤드를 일직선으로 빼준 다음 허리 위치까지 왔을 때 팔을 올리면서 어깨를 돌려준다. 팔이 허리 위치에 올 때까지는 그립의 끝부분이 배꼽 방향을 보도록 유지한다.

백 스윙 시 두 팔이 밖으로 밀려나갈 때

사진과 같이 두 팔이 밀려나가는 건 백 스윙 시작 때부터 왼팔로만 들어올리기 때문이다.

그러므로 스윙이 시작되자마자 급격한 업라이트 스윙이 되기 십상이다. 해결을 위해서는 왼팔로 스윙을 시작하는 순간부터 가슴에 붙인 상태로 들어주며 스윙한다.

백 스윙 톱의 교정

팔의 위치가 업라이트일 때

상체의 회전이 제대로 되지 않고 톱 자세로 가면서 상체가 숙여지기 때문에 팔이 올라간다. 이렇게 되면 드라이버 샷이 하이 볼이 되어버리고 아이언은 헤드가 너무 깊숙이 들어가고 만다. 백 스윙 시 두 무릎의 높이를 유지하고 스윙을 하면 상체의 숙여짐이 많이 좋아질 것이다.

팔의 위치가 플랫일 때

반대로 상체의 회전이 너무 많아 두 팔이 몸에 의해 막혀버린 경우이다. 구질은 톱 볼이 많이 나오며 스윙이 빨라지기 쉽다. 백 스윙을 시작할 때 왼쪽 어깨를 떨어뜨림으로써 두 팔의 여유 공간을 늘린다.

톱에서 클럽 헤드의 타깃이 우측일 때

이런 스윙은 너무 빠른 얼리 코킹이나 어깨의 빠른 회전 때문에 생긴다. 백 스윙 동작을 조금 천천히 해주면서 전체적인 백 스윙 궤도를 크게 그려준다.

톱에서 클럽 헤드의 타깃이 좌측일 때

이것은 어깨의 단순한 회전동작 때문에 생긴다. 아주 손쉽게 해결하려면 백스윙 톱에서 두 팔꿈치의 높이를 같게 해주면 된다.

클럽 페이스가 열려 있는 경우

이 경우는 오른손 그립의 압력을 너무나 약하게 하고 있어서 톱 동작에서 오른 손목이 젖혀져 생긴 결과이다. 오른손 그립을 어느 정도는 견고하게 잡아주고 톱 동작에서 오른 손바닥이 정면을 본다는 느낌으로 들어준다.

클럽 페이스가 닫혀 있는 경우

이 경우는 오른손 그립의 압력이 너무 강하여 손목 움직임이 뻣뻣해져 생긴 결과이다. 백 스윙 톱에 들어가면서 오른 손바닥에 쟁반을 받치고 있어도 될 만큼 손목을 부드럽게 하자.

다운 스윙의 교정

클럽 헤드가 뒤쪽으로 떨어질 때

이 경우는 몸통의 리드가 전혀 없이 급하게 팔로만 휘두르려 할 때 생긴다. 백 스윙 톱에서 한 박자 쉬었다 하더라도 확실하게 두 무릎으로 몸을 끌어 내리며 골반을 살짝 왼쪽으로 틀어주어 다운 스윙의 출발을 타깃보다 약간 좌측으로 한다.

클럽 헤드가 앞쪽으로 떨어질 때

다운 스윙을 시작하면서 손목에 힘이 많이 들어가 있거나 어깨가 경직되어 있을 때 생긴다. 이때에는 클럽 샤프트가 두 팔과 함께 내려올 수 있도록 거울을 보고 반복적인 연습을 할 필요가 있다.

두 팔꿈치가 떨어져서 내려올 때

이것은 과도하게 상체가 숙여지거나 팔의 힘에 의해 머리가 떨어지기 때문에 생긴다. 상체가 숙여지지 않게 하기 위해서는 어드레스 때의 허리각도를 유지하면서 스윙이 이루어져야 한다. 어드레스 때 좀 더 힙업 자세를 만들어주고 임팩트를 몸으로 만들어줄 수 있도록 어깨와 팔의 힘을 빼도록 하자.

아이언과 우드의 기로에서

 한동안은 아이언이 잘 맞고 또 한동안은 드라이버와 우드가 잘 맞는 경우를 흔히 볼 수 있다. 이런 원인은 스윙 플레인과 궤도에 문제가 있기 때문이다. 아이언 샷이 드라이버 샷보다 훨씬 더 훌륭하다면 스윙 궤도가 가파른 경우이다. 스윙 궤도가 가파르면 임팩트 때에 볼을 먼저 치게 되므로 숏 아이언이나 미들 아이언은 쉽게 컨트롤 할 수 있지만 롱 아이언이나 우드, 드라이버는 타격조차 제대로 하기 어렵다.
 반대로 드라이버나 우드가 아이언보다 잘 맞을 때는 스윙 궤도가 너무 얕은 경우이다. 당연히 이때에는 볼을 먼저 타격하기가 매우 힘들어지기 때문에 아이언 샷이 잘 맞지 않게 된다. 이런 대립적인 샷의 원인은 어드레스 위치에서 몸에 의해 팔의 각도가 이루어지지 않고 팔에 의해 스윙 궤도가 만들어졌기 때문이다. 비디오를 활용하여 다운 스윙 시 어드레스 때의 샤프트 각도와 임팩트 순간의 샤프트 각도를 확인하여 정확한 스윙 플레인과 궤도를 만들어보자.

드라이버 샷의 단순한 마인드

 모든 샷은 스윙 궤도에 의해서 만들어진다. 그러므로 드라이버 샷은 절대적으로 낮고 부드럽게 볼을 치며 빠져나가야 한다. 드라이버 샷은 티 위에 공이 올려져 있다. 그러므로 다운 스윙이 조금이라도 급하고 가파르면 바로 미스 샷으로 연결된다. 급하고 가파르지 않기 위해서는 일단 상체를 좀 더 뒤쪽에 셋 업 시킨다.
 또한 임팩트 순간에도 상체는 볼 뒤에 남아 있도록 해준다. 볼의 위치는 왼쪽으로 확실하게 놓아둔다. 그래야만 다운 스윙 시 클럽이 볼을 향해 내려오는 각도가 좀 더 완만해지고 낮고 부드러운 궤도가 자연스럽게 생성될 수 있기 때문이다. 힘을 빼려고만 생각지 말고, 힘을 어떻게 써야 할지를 생각해보자.

부드럽게 지나가지 못할 때

 보통 티 샷을 하고 난 후 너무 찍어 쳤다는 느낌이나 매끄럽지 못한 느낌을 받았다면 어드레스 셋 업을 체크하자. 상체가 셋 업 자세에서 타깃으로부터 먼 지점으로 기울어져 있지 않으면 가파른 각도가 생기기 때문에 부드럽고 매끄러운 스윙이 이루어지지 않는다.
 그렇게 되면 다운 스윙 시 공을 향해 바로 찍히는 스윙이 되어버리고 만다. 자신만의 어드레스보다는 기본에 충실해 보자. 상체를 효과적으로 기울여주면 백 스윙 시 어깨의 회전이 보다 수월해지며 다운 스윙 시 골반을 이용하기도 훨씬 쉬워진다.

아이언이 잘 될 땐 우드가 안 되고

드라이버는 가끔씩 실패하지만 아이언은 대체적으로 잘 된다면 스윙 궤도가 가파르기 때문이다. 스윙 궤도가 가파르면 볼을 먼저 칠 수 있기 때문에 미들 아이언이나 숏 아이언은 대체로 성공하지만 드라이버, 우드, 롱 아이언은 많은 실수를 하게 된다.

반대로 아이언은 잘 안 되지만 드라이버가 잘 된다면 스윙 궤도가 많이 얕을 것이다. 스윙 궤도가 얕으면 클럽 페이스보다 리딩 에지가 볼에 먼저 닿게 되어 아이언 샷에는 아주 치명적이 된다. 이런 때에는 어느 스윙을 해야 할지 망설이지 말고 스윙의 궤도분석을 통하여 중간 정도의 스윙 플레인을 만드는 것이 가장 중요하다.

스트레칭

몸을 풀기 위한 여러 가지 스트레칭들을 많이 알고 있겠지만, 여기서는 가장 간단하고 확실한 스트레칭을 소개한다.

다음의 사진처럼 두 날개죽지와 양 팔 사이에 클럽을 집어넣고 어깨를 충분히 돌려준다. 10초간 이 자세를 유지한 후 반대방향으로 돌려준다. 이 동작을 10회 반복한다.

다음으로는 클럽을 양쪽으로 넓게 잡고 허리를 활처럼 휘게 밀어준다. 역시 10초간 이 자세를 유지한 후 반대방향으로 밀어준다. 이 스트레칭은 스윙에 쓰이는 몸의 근육을 빠른 시간 내에 풀어주는 매우 유용한 방법이다.

멘탈

1. 골프는 리듬이다

골프란 '어떤 것이다'라고 확실한 정의를 내릴 수는 없지만, 골프에 있어서 어느 부분이 가장 큰 비중을 차지하느냐고 묻는다면 곧바로 리듬이라고 말할 수 있다. 수많은 이론을 다루고 있는 서적들과 비디오 등에서 골프에 대한 많은 부분을 배웠다 하더라도 연습장에서 직접 받는 레슨효과만 못할 것이다.

그 이유는 머릿속으로만 생각하는 것이 아니라 골프의 리듬을 배웠기 때문이다.

'백문이 불여일견'이라고 프로들의 스윙 이미지를 생각하다보면 스윙의 템포가 쉽게 전달이 된다.

대부분의 골퍼들은 연습스윙만큼만 스윙이 된다면 완벽하다고들 한다.

그러나 왜 볼이 눈 앞에 놓여지면 그렇게 되지 않는 것일까?

욕심이라고들 말하지만 사실 리듬을 맞추지 못해서이다. 볼을 때리기 위해 스윙하기보다 스윙을 하면 그 스윙 궤도에 놓여져 있던 볼이 맞아나간다고 생각하자. 확실한 것은 리듬을 느끼며 부드럽게 임팩트 된 볼이 훨씬 만족스런 비거리와 방향성을 제공한다는 것이다.

2. 일관성을 만들자

학생들을 지도하다보면 가장 안타까운 것이 필자가 보기에는 그리 나쁜 샷이 아니었는데도 불구하고 볼의 구질이나 자신의 감에 의해서 바로 실망을 해버린다거나 낙담한다는 것이다.

스윙 연습을 하는 데 있어서 그 목표치의 압박감으로 인한 부담이 스트레스로 오는 역효과이다. 모든 샷은 똑바로 멀리만 나가야 하는 것이 아니다. 기계가 아니므로 일관성 있는 스윙을 하도록 노력하는 것이 연습인 것이다.

완벽한 스윙을 했을지라도 그 샷이 과연 홀 컵에 홀인하는가?

미스를 했을때나 완벽하게 스윙이 되었다고 했을 때, 애석하게도 전체적인 스윙에 있어서 큰 변화나 차이점이 없다는 것이다.

비디오로 분석을 해보면 임팩트 순간에 헤드 페이스가 약간씩 조작되었을 뿐이지 자신의 스윙이 생각처럼 어떤 부분에 큰 변화가 있지는 않다는 것이다.

오히려 스윙 쪽에 문제를 두고 연습이 이루어지는 것이 더 큰 오류를 범하는 지름길이다.

따라서 연습을 할 때에 가장 중요시할 것은 일관된 스윙을 만들도록 노력하는 것이다.

멋지고 만족스런 스코어에는 좋은 샷이냐 나쁜 샷이냐를 따지는 것보다 얼마나 실수없이 편안하게 해결이 되어 가느냐이다.

3. 롱 아이언

대부분의 골퍼들은 롱 아이언은 쓸어치라고들 하는데 기본적인 셋 업에서부터 문제가 많이 드러난다.

일단 볼의 위치이다. 볼의 위치는 스탠스의 중앙에서 한 뼘 정도는 앞쪽으로 위치시켜야 한다.

토핑이나 뒤땅의 이유로 볼의 위치가 가운데 쪽으로 들어오다보면 몸을 회전하며 타격하기가 힘들어지기 때문에 팔로 치게 된다. 이런 동작은 쓸어치는 것에 많은 장애가 된다.

쓸어치기 위해서는 몸통의 회전이 우선시 되어야 하고, 두 팔과 클럽은 끌려오면서 히팅이 되어야 부드러운 롱 아이언 샷이 나올 수 있다.

모든 스윙이 그러하지만 롱 아이언에 있어서 조금이라도 팔이 급하게 내려오다보면 스윙 궤도 자체가 가파르게 이루어져 디봇이 깊게 나게 된다.

클럽이 길어질수록 리듬감으로 스윙해야 하는 것은 기본이고, 그래야만 수평 스윙이 이루어져 때린다는 느낌이 적어진다.

마지막으로 롱 아이언을 잘 구사하기 위해서는 사실상 어느 정도의 힘이 있어야만 한다.

스윙 스피드가 나지 않는다면 롱 아이언보다는 하이브리드 클럽으로 공략하는 것도 좋은 방법이다.

4. 연습도 실전처럼 자기최면을 걸어라

코스에서 샷에 임할 때를 보면 어느 정도의 루틴을 가지고들 있지만 연습장에서는 그렇지 못한 경우가 대부분이다.

얼마나 집중을 하고 연습하느냐가 연습효과에서는 현저하게 차이가 난다.

샷에 대한 일상적인 준비과정에서 너무 시간을 지체하다보면 무리한 긴장감이 뒤따르지만 적당한 준비과정은 집중력과 리듬을 확보하는 데 있어서 큰 도움이 된다.

연습장에서 매번 스윙할 때마다 그러진 못한다 하더라도 좋은 샷이나 나쁜 샷이 나왔을 때 자신만의 마인드 컨트롤을 익혀놓는다면 큰 도움이 될 것이다.

예를 들자면 볼을 치기 전에 스윙연습을 2~3번 정도 하는 것도 좋은 방법이다.

볼을 치고나서 볼의 방향과 거리를 보기보다는 한 동안은 볼의 터치감만을 느끼며 연습해보는 것도 감각을 익히며 연습할 수 있는 좋은 방법이다.

5. 긴장을 풀어야 들어간다

퍼터를 하는 데 있어서 특히 숏 퍼터에서는 라인을 제대로 읽지 못해서보다 스트로크와 힘의 조절에서 대부분 미스를 하게 된다.

'꼭 놓아야 한다'는 중압감으로 시작해서 '이 정도쯤이야' 하는 자만심 등으로 인해 한 타를 잃어버린다.

일단 긴장을 풀기 전에 자신의 퍼터 역사를 생각해보자. 꼭 넣어야 한다고 생각했을 때 성공 확률이 얼마나 되었는가?

들어가지 않는다 하더라도 최대한 홀 컵에 집착하지 않도록 노력하고 천천히 스트로크를 해준다.

스트로크의 속도가 느려진 만큼 스윙의 크기는 조금 크게 해준다.

어깨나 손목 말고도 몸 전체의 부드러운 타이밍으로 스트로크가 되었을 때 또다른 느낌을 얻게 된다.

퍼터에 있어서는 너무나 틀에 박힌 자세를 만들려 하지 말고 자신의 느낌을 계속해서 발전시켜주는 것이 더욱 중요하다.

자세만을 고집하다보면 어느 것도 얻지 못하고 퍼터에 두려워하게 된다. 퍼터를 편안하게 하는 플레이어가 다른 샷에서도 여유를 가질 수 있다.

퍼터 때문에 잘 되던 다른 클럽까지 망가지는 경우는 많지만 드라이버나 아이언의 미스로 인해 퍼터가 지 흔들리는 경우는 훨씬 적다.

6. 스코어 관리의 요령

싱글 정도 되면 계속해서 보기 플레이가 되진 않을 것이다. 이쯤되면 멘탈의 경기라 불러도 과언이 아니다. 실수를 최소화하기보다 실수에 빠르게 대처하는 능력에 따라 스코어를 빠르게 줄이느냐 그렇지 못하느냐가 결정된다.

미스 샷 하나로 인한 원망이나 좌절감으로 버려지는 스코어는 참으로 만회하기가 힘들다.

굿 샷이든 미스 샷이든 자신이 만든 것이다.

그러므로 미스 샷도 즐길 줄 알아야 한다. 좋은 스코어를 만들었을 때의 그 쾌감은 이루 말할 수 없을 정도겠지만 실수를 만회하며 스코어를 관리해나가는 것에는 견줄 수가 없다.

골프가 인생과 같다고 하지 않던가? 계속해서 굿 샷만 나온다면 얼마나 재미가 없을까?

80타를 깨려면 골프를 즐기기 위한 마음부터 가져야 한다. 골프는 도전이 아니라 타협이다.

7. 우중 플레이

비가 오면 기분부터 망가지거나 대충 치려고 할 수 있다. 프로들의 시합을 보면 그렇지 않을 것이겠지만. 그러나 자신이 프로가 아니라는 생각으로 안일하게 임하다보면 상상치 못할 만큼 형편없는 스코어가 나온다.

그러나 곧잘 파나 버디도 만들어지지 않는가?

여기서 대충 치는 것과 긴장을 풀고 치는 것의 차이를 명확히 해야 한다.

날씨가 좋든 안 좋든 자신의 컨디션 조절만 하면 큰 문제는 없다.

비가 온다면 몇가지 준비에 조금 더 신경쓰고(예를 들자면 장갑을 비닐팩에 보관을 한다든가, 마른 수건을 충분히 준비하는 등), 그런 조건들을 즐기며 만끽해보자.

클럽 선택에 있어서도 한두 클럽 더 잡아주면 훨씬 쉽게 공략할 수 있을 것이다. 8번 아이언을 잡아야 하는 거리에서 7번이나 6번으로는 훨씬 편하고 부담 없는 샷이 나올 것이다.

준비된 자에게는 두려울 것이 없다. 항상 긍정적인 생각으로 라운드를 풀어나가면 어떤 경우라도 즐기는 여유로운 골프를 접하게 될 것이다. 이렇게 할 때 스코어는 자연스럽게 쫓아온다.

8. 코스는 전쟁터가 아니다

코스라는 곳을 전쟁터가 아니라 자신만의 스케치북이라고 생각하자. 그림을 그리다보면 파란색이 들어갈 곳도 있고 빨간색이 들어가야 하는 곳도 있다.

골프도 그렇지 않을까?

보기가 되어야 하는 상황에서는 보기가 되고, 버디가 되어야 하는 상황에서는 버디가 만들어진다.

파란색을 칠하다가 맘에 안든다고 다른 색을 입히다 보면 이도 저도 아닌 정체불명의 색이 만들어지지 않는가?

스코어를 조심스럽게 관리하면서 불필요한 전쟁을 피하는 것이 18홀을 모두 끝마쳤을 때 만족스러운 결과로 나타나게 된다. 설사 만족스럽지 못한 스코어라 하더라도 오늘만 골프를 즐기는 것은 아니지 않은가?

싸우려고 골프를 치는 것은 아니다. 색칠이 아직 끝나지 않았다고 생각하고 다음번에 완성 시키면 되는 것이다.

9. 스코어의 가장 큰 비중은 미소!

이제부터 연습장이나 코스에서 미소를 먼저 만들도록 해보자. 연습장에서 연습하는 골퍼들을 보고 있으면 한결같이 비장한 표정들을 하고 있다.

가끔 미소를 지으면서 연습하는 골퍼를 보게 되면 그가 치는 볼도 미소지으며 날아간다.

미소를 띠며 연습을 하면 리듬을 느끼는 것이 2~3배의 효과로 오게 된다.

부득이하게 직업적인 선수가 아니라면 굳이 스트레스를 만들면서까지 연습할 이유가 없다.

골프를 시작할 때 건강이나 사회생활을 위하여 시작하는 사람들이 대부분인데 굳이 어렵게 골프에 빠지지는 말자.

10. 해저드는 장애물이 아니고, 멋진 조경이다

골프장의 해저드는 골퍼들을 화나게 만들거나 기분을 상하게 하려고 만들어진 것이 아니다.

아름다운 조경으로서 플레이어들에게 더욱 멋진 풍경을 보여주기 위한 작품이라 생각을 하자.

흔히 볼 수 없는 아름다운 조경들을 자신의 가장 큰 적인 마냥 생각하면 아름답기 이전에 꼴도 보기 싫다는 생각이 먼저 들 것이다.

멘탈 훈련에 있어서 긍정적인 생각은 앞에서도 언급했지만 늘 긍정적으로 즐겁게 생각하면 남들이 다 싫다 하여도 나만큼은 어느 골프장이든 아름답고 편안하게 생각될 것이다. 그러면 스코어에서도 승자가 되지 않을까? 행여 친 볼이 해저드에 빠졌다 하여도 오히려 그 이유로 해저드의 아름다움을 한 번 더 만끽하자. 여유를 찾으면 스코어도 찾게 된다.

11. 체력이 골프 실력이다

골프가 스포츠라는 건 누구나 아는 사실이지만, 스포츠를 즐기는 사람들 중에 골퍼들만큼 기초체력에 신경을 안쓰는 사람들도 없다.

골프가 다른 운동과 비교했을 때 상대적인 운동은 아니지만 스코어에 대한 비교는 훨씬 상대적이지 않은가? 드라이버 샷을 하고나서 왜 잘 맞았는데 거리가 남들만큼 가지 않을까라고 생각하지만, 가장 큰 이유는 체력에 있다.

다른 운동선수들, 예를 들면 축구나 야구선수들을 보자. 겨울에 얼음찜질에 타이어 끌고 뛰어가면서 체력향상에 얼마나 많은 시간을 투자하는가? 왜들 그러는 것일까?

야구선수면 야구공만 잘 던지고 잘 받고 잘 치면 되고, 축구선수면 축구공만 잘 다루면서 골인만 하는 연습만 하면 될텐데….

그 이유는 체력이 뒷받침이 되지 않으면 이 모든 연습들이 효율적이지 못하게 되고, 좋은 결과를 가져올 수 없기 때문이다.

골프선수라고 아니, 골프를 잘 치고 싶은 사람들 모두 골프연습 외에 체력에 얼마나 신경을 쓰고 있는가?

단지 연습장에서 스윙하고 필드 나가는 것이 전부이지 않은가?

80타를 깨고 싶다면 당장 지금부터라도 일상생활에서 체력훈련의 계획부터 세우자.

아파트를 엘리베이터로 이용하기보다 계단을 이용한다든가, 왠만한 거리는 걸어다니는 등 일상에서도 훈련할 수 있는 기회는 많다.

정신력과 기술 등 골프에 있어 중요한 수많은 것들은 체력 없이는 그 진가를 발휘할 수 없다.

가림출판사 · 가림M&B · 가림Let's에서 나온 책들

문 학

바늘구멍 켄 폴리트 지음 / 홍영의 옮김
신국판 / 342쪽 / 5,300원

레베카의 열쇠 켄 폴리트 지음 / 손연숙 옮김
신국판 / 492쪽 / 6,800원

암병선 니시무라 쥬코 지음 / 홍영의 옮김
신국판 / 300쪽 / 4,800원

첫키스한 얘기 말해도 될까 김정미 외 7명 지음
신국판 / 228쪽 / 4,000원

사미인곡 上·中·下 김충호 지음
신국판 / 각 권 5,000원

이내의 끝자리 박수완 스님 지음
국판변형 / 132쪽 / 3,000원

너는 왜 나에게 다가서야 했는가 김충호 지음
국판변형 / 124쪽 / 3,000원

세계의 명언 편집부 엮음
신국판 / 322쪽 / 5,000원

여자가 알아야 할 101가지 지혜
제인 아서 엮음 / 지장국 옮김 / 4×6판 / 132쪽 / 5,000원

현명한 사람이 읽는 지혜로운 이야기 이정민 엮음
신국판 / 236쪽 / 6,500원

성공적인 표정이 당신을 바꾼다 마쓰오 도오루 지음

홍영의 옮김 / 신국판 / 240쪽 / 7,500원

태양의 법 오오카와 류우호오 지음 / 민병수 옮김
신국판 / 246쪽 / 8,500원

영원의 법 오오카와 류우호오 지음 / 민병수 옮김
신국판 / 240쪽 / 8,000원

석가의 본심 오오카와 류우호오 지음 / 민병수 옮김
신국판 / 246쪽 / 10,000원

옛 사람들의 재치와 웃음 강형중 · 김경익 편저
신국판 / 316쪽 / 8,000원

지혜의 쉼터 쇼펜하우어 지음 / 김충호 엮음
4×6판 양장본 / 160쪽 / 4,300원

헤세가 너에게 헤르만 헤세 지음 / 홍영의 엮음
4×6판 양장본 / 144쪽 / 4,500원

사랑보다 소중한 삶의 의미
크리슈나무르티 지음 / 최윤영 엮음 / 신국판 / 180쪽 / 4,000원

장자-어찌하여 알 속에 털이 있다 하는가
홍영의 엮음 / 4×6판 / 180쪽 / 4,000원

논어-배우고 때로 익히면 즐겁지 아니한가
신도희 엮음 / 4×6판 / 180쪽 / 4,000원

맹자-가까이 있는데 어찌 먼 데서 구하려 하는가
홍영의 엮음 / 4×6판 / 180쪽 / 4,000원

아름다운 세상을 만드는 사랑의 메시지 365
DuMont monte Verlag 엮음 / 정성호 옮김
4×6판 변형 양장본 / 240쪽 / 8,000원

황금의 법 오오카와 류우호오 지음
민병수 옮김 / 신국판 / 320쪽 / 12,000원

왜 여자는 바람을 피우는가? 기셀라 룬테 지음
김현성 · 진정미 옮김 / 국판 / 200쪽 / 7,000원

세상에서 가장 아름다운 선물 김인자 지음
국판변형 / 292쪽 / 9,000원

수능에 꼭 나오는 한국 단편 33 윤종필 엮음 및 해설
신국판 / 704쪽 / 11,000원

수능에 꼭 나오는 한국 현대 단편 소설 윤종필 엮음 및 해설
신국판 / 364쪽 / 11,000원

수능에 꼭 나오는 세계단편(영미권) 지창영 옮김
윤종필 엮음 및 해설 / 신국판 / 328쪽 / 10,000원

수능에 꼭 나오는 세계단편(유럽권) 지창영 옮김
윤종필 엮음 및 해설 / 신국판 / 360쪽 / 11,000원

대왕세종 1·2·3
박충훈 지음 / 신국판 / 각 권 9,800원

세상에서 가장 소중한 아버지의 선물
최은경 지음 / 신국판 / 144쪽 / 9,500원

건 강

아름다운 피부미용법 이순희(한독피부미용학원 원장)
지음 / 신국판 / 296쪽 / 6,000원

버섯건강요법 김병각 외 6명 지음
신국판 / 286쪽 / 8,000원

성인병과 암을 정복하는 유기게르마늄
이상현 편저 / 캬오 샤오이 감수 / 신국판 / 312쪽 / 9,000원

난치성 피부병 생약효소연구원 지음
신국판 / 232쪽 / 7,500원

新 방약합편 정도명 편역 / 신국판 / 416쪽 / 15,000원

자연치료의학 오홍근(신경정신과 의학박사 · 자연의학박사)
지음 / 472쪽 / 15,000원

약초의 활용과 가정한방 이인성 지음
신국판 / 384쪽 / 8,500원

역전의학 이시하라 유미 지음 / 유태종 감수
신국판 / 286쪽 / 8,500원

이순희의 순수피부미용법 이순희(한독피부미용학원 원장)
지음 / 신국판 / 304쪽 / 7,000원

21세기 당뇨병 예방과 치료법 이현철(연세대 의대 내과 교수)
지음 / 신국판 / 360쪽 / 9,500원

신재용의 민의학 동의보감 신재용(해성한의원 원장) 지음
신국판 / 476쪽 / 10,000원

치매 알면 치매 이긴다 배오성(백상한방병원 원장) 지음
신국판 / 312쪽 / 10,000원

21세기 건강혁명 밥상 위의 보약 생식 최경순 지음
신국판 / 348쪽 / 9,800원

기치유와 기공수련 윤한홍(기치유 연구회 회장) 지음
신국판 / 340쪽 / 12,000원

만병의 근원 스트레스 원인과 퇴치 김지혁(김지혁한의원 원장)
지음 / 신국판 / 324쪽 / 9,500원

김종성 박사의 뇌졸중 119 김종성 지음
신국판 / 356쪽 / 12,000원

탈모 예방과 모발 클리닉 장정훈 · 전재홍 지음
신국판 / 252쪽 / 8,000원

구태규의 100% 성공 다이어트 구태규 지음
4×6배판 변형 / 240쪽 / 9,900원

암 예방과 치료법 이춘기 지음
신국판 / 296쪽 / 11,000원

알기 쉬운 위장병 예방과 치료법 민영일 지음
신국판 / 328쪽 / 9,900원

이온 체내혁명 노보루 야마노이 지음 / 김병관 옮김
신국판 / 272쪽 / 9,500원

어혈과 사혈요법 정지천 지음
신국판 / 308쪽 / 12,000원

약손 경락마사지로 건강미인 만들기 고정환 지음
4×6배판 변형 / 284쪽 / 15,000원

정유정의 LOVE DIET 정유정 지음
4×6배판 변형 / 196쪽 / 10,500원

머리에서 발끝까지 예뻐지는 부분다이어트
신상만 · 김선민 지음 / 4×6배판 변형 / 196쪽 / 11,000원

알기 쉬운 심장병 119 박승정 지음
신국판 / 248쪽 / 9,000원

알기 쉬운 고혈압 119 이정균 지음
신국판 / 304쪽 / 10,000원

여성을 위한 부인과질환의 예방과 치료 차선희 지음
신국판 / 304쪽 / 10,000원

알기 쉬운 아토피 119 이승규 · 임승엽 · 김문호 · 안유일
지음 / 신국판 / 232쪽 / 9,500원

120세에 도전한다 이권행 지음
신국판 / 308쪽 / 11,000원

건강과 아름다움을 만드는 요가 정판식 지음
4×6배판 변형 / 224쪽 / 14,000원

우리 아이 건강하고 아름다운 롱다리 만들기 김성훈 지음
대국전판 / 236쪽 / 10,000원

알기 쉬운 허리디스크 예방과 치료 이종서 지음
대국전판 / 336쪽 / 12,000원

소아과전문의에게 듣는 알기 쉬운 소아과 119 신영규 · 이강우 ·
최성항 지음 / 4×6배판 변형 / 280쪽 / 14,000원

피가 맑아야 건강하게 오래 살 수 있다 김영찬 지음
신국판 / 256쪽 / 10,000원

웰빙형 피부 미인을 만드는 나만의 셀프 피부건강
양해원 지음 / 대국전판 / 144쪽 / 10,000원

내 몸을 살리는 생활 속의 웰빙 항암 식품 이승남 지음
대국전판 / 248쪽 / 9,800원

마음한글, 느낌한글 박완식 지음
4×6배판 / 300쪽 / 15,000원

웰빙 동의보감식 발마사지 10분 최미희 지음 / 신재용 감수
4×6배판 변형 / 204쪽 / 13,000원

아름다운 몸, 건강한 몸을 위한 목욕 건강 30분 임하성 지음
대국전판 / 176쪽 / 9,500원

내가 만드는 한방생주스 60 김영섭 지음
국판 / 112쪽 / 7,000원

몸을 살리는 건강식품 백은희 · 조창호 · 최양진 지음
신국판 / 384쪽 / 11,000원

건강도 키우고 성적도 올리는 자녀 건강 김진돈 지음
신국판 / 304쪽 / 12,000원

알기 쉬운 간질환 119 이관식 지음
신국판 / 264쪽 / 11,000원

밥으로 병을 고친다 허봉수 지음
대국전판 / 352쪽 / 13,500원

알기 쉬운 신장병 119 김형규 지음
신국판 / 240쪽 / 10,000원

마음의 감기 치료법 우울증 119 이민수 지음
대국전판 / 232쪽 / 9,800원

관절염 119 송영욱 지음
대국전판 / 224쪽 / 9,800원

내 딸을 위한 미성년 클리닉 강병문 · 이향아 · 최정원 지음
국판 / 148쪽 / 8,000원

암을 다스리는 기적의 치유법
케이 세이헤이 감수 / 카와키 나리카즈 지음
민병수 옮김 / 신국판 / 256쪽 / 9,000원

스트레스 다스리기 대한불안장애학회 스트레스관리연
구특별위원회 지음 / 신국판 / 304쪽 / 12,000원

천연 식초 건강법 건강식품연구회 엮음 / 신재용(해성한
의원 원장) 감수 / 신국판 / 252쪽 / 9,000원

암에 대한 모든 것 서울아산병원 암센터 지음
신국판 / 360쪽 / 13,000원

알록달록 컬러 다이어트 이승남 지음
국판 / 248쪽 / 10,000원

불임부부의 희망 당신도 부모가 될 수 있다 정병준 지음
신국판 / 268쪽 / 9,500원

키 10cm 더 크는 키네스 성장법 김양수 · 이종균 · 최형규 ·
표재환 · 김문희 지음 / 대국전판 / 312쪽 / 12,000원

당뇨병 백과 이현철 · 송영득 · 안철우 지음
4×6배판 변형 / 396쪽 / 16,000원

호흡기 클리닉 119 박성학 지음
신국판 / 256쪽 / 10,000원

키 쑥쑥 크는 롱다리 만들기 롱다리 성장클리닉 원장단
지음 / 대국전판 / 256쪽 / 11,000원

내 몸을 살리는 건강식품 백은희 · 조창호 · 최양진 지음
신국판 / 368쪽 / 11,000원

내 몸에 맞는 운동과 건강
하철수 지음 / 신국판 / 264쪽 / 11,000원

교육

우리 교육의 창조적 백색혁명 원상기 지음
신국판 / 206쪽 / 6,000원

현대생활과 채육 조창남 외 5명 공저
신국판 / 340쪽 / 10,000원

퍼펙트 MBA IAE유학네트 지음
신국판 / 400쪽 / 12,000원

유학길라잡이 I – 미국편 IAE유학네트 지음
4×6배판 / 372쪽 / 13,900원

유학길라잡이 II – 4개국편 IAE유학네트 지음
4×6배판 / 348쪽 / 13,900원

조기유학길라잡이.com IAE유학네트 지음
4×6배판 / 428쪽 / 15,000원

현대인의 건강생활 박상호 외 5명 공저
4×6배판 / 268쪽 / 15,000원

천재아이로 키우는 두뇌훈련 나카마츠 요시로 지음
민병수 옮김 / 국판 / 288쪽 / 9,500원

두뇌혁명 나카마츠 요시로 지음 / 민병수 옮김
4×6판 양장본 / 288쪽 / 12,000원

테마별 고사성어로 익히는 한자 김경익 지음
4×6배판 변형 / 248쪽 / 9,800원

生생 공부비법 이은숙 지음
대국전판 / 272쪽 / 9,500원

자녀를 성공시키는 습관만들기 배은경 지음
대국전판 / 232쪽 / 9,500원

한자능력검정시험 1급 한자능력검정시험연구위원회 편저

한자능력검정시험 2급 한자능력검정시험연구위원회 편저
4×6배판 / 568쪽 / 21,000원
4×6배판 / 472쪽 / 18,000원

한자능력검정시험 3급(3급II) 한자능력검정시험연구위원회 편저 / 4×6배판 / 440쪽 / 17,000원

한자능력검정시험 4급(4급II) 한자능력검정시험연구위원회 편저 / 4×6배판 / 352쪽 / 15,000원

한자능력검정시험 5급 한자능력검정시험연구위원회 편저 / 4×6배판 / 264쪽 / 11,000원

한자능력검정시험 6급 한자능력검정시험연구위원회 편저
4×6배판 / 168쪽 / 8,500원

한자능력검정시험 7급 한자능력검정시험연구위원회 편저
4×6배판 / 152쪽 / 7,000원

한자능력검정시험 8급 한자능력검정시험연구위원회 편저
4×6배판 / 112쪽 / 6,000원

볼링의 이론과 실기 이태상 지음
신국판 / 192쪽 / 9,000원

고사성어로 끝내는 천자문 조준상 글·그림
4×6배판 / 216쪽 / 12,000원

내 아이 스타 만들기 김민성 지음
신국판 / 200쪽 / 9,000원

교육 1번지 강남 엄마들의 수험생 자녀 관리 황송주 지음
신국판 / 288쪽 / 9,500원

초등학생이 꼭 알아야 할 위대한 역사 상식 우진영·이양경 지음 / 4×6배판변형 / 228쪽 / 9,500원

초등학생이 꼭 알아야 할 행복한 경제 상식 우진영·전선심 지음 / 4×6배판변형 / 224쪽 / 9,500원

초등학생이 꼭 알아야 할 재미있는 과학상식 우진영·정경희 지음 / 4×6배판변형 / 220쪽 / 9,500원

한자능력검정시험 3급·3급 II 한자능력검정시험연구위원회 편저 / 4×6판 / 380쪽 / 7,500원

교과서 속에 꼭꼭 숨어있는 이색박물관 체험 이신화 지음
대국전판 / 248쪽 / 12,000원

초등학생 독서 논술(저학년) 책마루 독서교육연구회 지음
4×6배판 변형 / 244쪽 / 14,000원

초등학생 독서 논술(고학년) 책마루 독서교육연구회 지음
4×6배판 변형 / 236쪽 / 14,000원

놀면서 배우는 경제 김솔 지음
대국전판 / 196쪽 / 10,000원

건강생활과 레저스포츠 즐기기 강선희 외 11명 공저
4×6배판 / 324쪽 / 18,000원

아이의 미래를 바꿔주는 좋은 습관 배은경 지음 / 신국판 / 216쪽 / 9,500원

취미·실용

김진국과 같이 배우는 와인의 세계
김진국 지음 / 국배판 변형양장본(올 컬러판) / 208쪽 / 30,000원

경제·경영

CEO가 될 수 있는 성공법칙 101가지 김승룡 편역
신국판 / 320쪽 / 9,500원

정보소프트 김승룡 지음 / 신국판 / 324쪽 / 6,000원

기획대사전 다카하시 겐코 지음 / 홍영의 옮김
신국판 / 552쪽 / 19,500원

맨손창업·맞춤창업 BEST 74 양혜숙 지음
신국판 / 416쪽 / 13,000원

무자본, 무점포 창업! FAX 한 대면 성공한다
다카시로 고시 지음 / 홍영의 옮김 / 신국판 / 226쪽 / 7,500원

성공하는 기업의 인간경영 중소기업 노무 연구회 편저
홍영의 옮김 / 신국판 / 368쪽 / 11,000원

21세기 IT가 세계를 지배한다 김광희 지음
신국판 / 380쪽 / 12,000원

경제기사로 부자아빠 만들기 김기태·신현태·박근수 공저 / 신국판 / 388쪽 / 12,000원

포스 PC의 주역 정보가전과 무선인터넷 김광희 지음
신국판 / 356쪽 / 12,000원

성공하는 사람들의 마케팅 바이블 채수명 지음
신국판 / 328쪽 / 12,000원

느린 비즈니스로 돌아가라 사카모토 게이이치 지음
정성호 옮김 / 신국판 / 276쪽 / 9,000원

적은 돈으로 큰돈 벌 수 있는 부동산 재테크 이원재 지음
신국판 / 340쪽 / 12,000원

바이오혁명 이주영 지음 / 신국판 / 328쪽 / 12,000원

성공하는 사람들의 자기혁신 경영기술 채수명 지음
신국판 / 344쪽 / 12,000원

CFO 교텐 토요오·타하라 오키시 지음 / 민병수 옮김
신국판 / 312쪽 / 12,000원

네트워크시대 네트워크마케팅 임동학 지음
신국판 / 376쪽 / 12,000원

성공리더의 7가지 조건 다이앤 트레이시·윌리엄 모건 지음 / 지창영 옮김 / 신국판 / 360쪽 / 13,000원

김종결의 성공창업 김종결 지음 / 신국판 / 340쪽 / 12,000원

최적의 타이밍에 내 집 마련하는 기술 이원재 지음
신국판 / 248쪽 / 10,500원

컨설팅 세일즈 Consulting sales 임동학 지음
대국전판 / 336쪽 / 13,000원

연봉 10억 만들기 김농주 지음 / 국판 / 216쪽 / 10,000원

주5일제 근무에 따른 한국형 주말창업 최효진 지음
신국판 변형 양장본 / 216쪽 / 10,000원

돈 되는 땅 돈 안되는 땅 김영준 지음
신국판 / 320쪽 / 13,000원

돈 버는 회사로 만들 수 있는 109가지 다카시로 도시
노리 지음 / 민병수 옮김 / 신국판 / 344쪽 / 13,000원

프로는 디테일에 강하다 김미현 지음
신국판 / 248쪽 / 9,000원

머니투데이 송복규 기자의 부동산으로 주머니돈 100배 만들기
송복규 지음 / 신국판 / 328쪽 / 13,000원

성공하는 슈퍼마켓&편의점 창업 나명환 지음
4×6배판 변형 / 500쪽 / 28,000원

대한민국 성공 재테크 부동산 펀드와 리츠로 승부하라
김영준 지음 / 신국판 / 256쪽 / 12,000원

마일리지 200% 활용하기 박성희 지음
국판 변형 / 200쪽 / 8,000원

1%의 가능성에 도전, 성공 신화를 이룬 여성 CEO
김미현 지음 / 신국판 / 248쪽 / 9,500원

3천만 원으로 부동산 재벌 되기 최수길·이숙·조연희 지음
신국판 / 290쪽 / 12,000원

10년을 앞설 수 있는 재테크 노동규 지음
신국판 / 260쪽 / 10,000원

세계 최강을 추구하는 도요타 방식 나카야마 키요타카
지음 / 민병수 옮김 / 신국판 / 296쪽 / 12,000원

최고의 설득을 이끌어내는 프레젠테이션 조두환 지음
신국판 / 296쪽 / 11,000원

최고의 만족을 이끌어내는 창의적 협상 조강희·조원희 지음
신국판 / 248쪽 / 10,000원

New 세일즈 기법 물건을 팔지 말고 가치를 팔아라
조기선 지음 / 신국판 / 264쪽 / 9,500원

작은 회사는 전략이 달라야 산다 황문진 지음
신국판 / 312쪽 / 11,000원

돈되는 슈퍼마켓&편의점 창업전략(입지 편)
나명환 지음 / 신국판 / 352쪽 / 13,000원

25·35 꼼꼼 여성 재테크
정원훈 지음 / 신국판 / 224쪽 / 11,000원

대한민국 2030 독특하게 창업하라
이상헌·이호 지음 / 신국판 / 288쪽 / 12,000원

왕초보 주택 경매로 돈 벌기
천관성 지음 / 신국판 / 268쪽 / 12,000원

New 마케팅 기법 (실전편) 물건을 팔지 말고 가치를 팔아라 2
조기선 지음 / 신국판 / 240쪽 / 10,000원

주 식

개미군단 대박맞이 주식투자 홍성걸(한양증권 투자분석팀 팀장) 지음 / 신국판 / 310쪽 / 9,500원

알고 하자! 돈 되는 주식투자 이길영 외 2명 공저
388쪽 / 12,500원

항상 당하기만 하는 개미들의 매도·매수타이밍 999% 적중 노하우
강경무 지음 / 신국판 / 336쪽 / 12,000원

부자 만들기 주식성공클리닉 이창희 지음
신국판 / 372쪽 / 11,500원

선물·옵션 이론과 실전매매 이창희 지음
신국판 / 372쪽 / 12,000원

너무나 쉬워 재미있는 주가차트 홍성무 지음
4×6배판 / 216쪽 / 15,000원

주식투자 직접 투자로 높은 수익을 올릴 수 있는 비결
김학균 지음 / 신국판 / 230쪽 / 11,000원

역 학

역리종합 만세력 정도명 편저
신국판 / 532쪽 / 10,500원

작명대전 정보국 지음
신국판 / 460쪽 / 12,000원

하락이수 해설 이천교 편저
신국판 / 620쪽 / 27,000원

현대인의 창조적 관상과 수상 백운산 지음
신국판 / 344쪽 / 9,000원

대운용신영부적 정재원 지음
신국판 양장본 / 750쪽 / 39,000원

사주비결활용법 이세진 지음
신국판 / 392쪽 / 12,000원

컴퓨터세대를 위한 新 성명학대전 박용찬 지음
신국판 / 388쪽 / 11,000원

길흉화복 꿈풀이 비법 백운산 지음
신국판 / 410쪽 / 12,000원

새천년 작명컨설팅 정재원 지음
신국판 / 492쪽 / 13,900원

백운산의 신세대 궁합 백운산 지음
신국판 / 304쪽 / 9,500원

동자삼 작명학 남시모 지음 / 신국판 / 496쪽 / 15,000원
구성학의 기초 문길여 지음 / 신국판 / 412쪽 / 12,000원
소울음소리 이건우 지음 / 신국판 / 314쪽 / 10,000원

법률일반

여성을 위한 성범죄 법률상식 조명원(변호사) 지음
신국판 / 248쪽 / 8,000원

아파트 난방비 75% 절감방법 고영근 지음
신국판 / 238쪽 / 8,000원

일반인이 꼭 알아야 할 결세전략 173선
최성호(공인회계사) 지음 / 신국판 / 392쪽 / 12,000원

변호사와 함께하는 부동산 경매 최환주(변호사) 지음
신국판 / 404쪽 / 13,000원

혼자서 쉽고 빠르게 할 수 있는 소액재판 김재용·김종철 공저
신국판 / 312쪽 / 9,500원

"술 한 잔 사겠다"는 말에서 찾아보는 채권·채무
변환철(변호사) 지음 / 신국판 / 408쪽 / 13,000원

알기쉬운 부동산 세무 길라잡이 이건우(세무서 재산계장) 지음
신국판 / 400쪽 / 13,000원

알기쉬운 어음, 수표 길라잡이 변환철(변호사) 지음
신국판 / 328쪽 / 11,000원

제조물책임법 강동근(변호사)·윤종성(검사) 공저
신국판 / 368쪽 / 13,000원

알기 쉬운 주5일근무에 따른 임금·연봉제 실무
문강분(공인노무사) 지음 / 4×6배판 변형 / 544쪽 / 35,000원

변호사 없이 당당히 이길 수 있는 형사소송 김대환 지음
신국판 / 304쪽 / 13,000원

변호사 없이 당당히 이길 수 있는 민사소송 김대환 지음
신국판 / 412쪽 / 14,500원

혼자서 해결할 수 있는 교통사고 Q&A 조명원(변호사) 지음
신국판 / 336쪽 / 12,000원

알기 쉬운 개인회생·파산 신청법 최재구(법무사) 지음
신국판 / 352쪽 / 13,000원

생활법률

부동산 생활법률의 기본지식 대한법률연구회 지음
김원중(변호사) 감수 / 신국판 / 472쪽 / 13,000원

고소장·내용증명 생활법률의 기본지식 하태웅(변호사) 지음
신국판 / 440쪽 / 12,000원

노동 관련 생활법률의 기본지식 남동희(공인노무사) 지음
신국판 / 528쪽 / 14,000원

외국인 근로자 생활법률의 기본지식 남동희(공인노무사) 지음
신국판 / 400쪽 / 12,000원

계약작성 생활법률의 기본지식 이상도(변호사) 지음
신국판 / 560쪽 / 14,500원

지적재산 생활법률의 기본지식 이상도(변호사)·조의제(변리사) 공저 / 신국판 / 496쪽 / 14,000원

부당노동행위와 부당해고 생활법률의 기본지식
박영수(공인노무사) 지음 / 신국판 / 432쪽 / 14,000원

주택·상가임대차 생활법률의 기본지식
김운용(변호사) 지음 / 신국판 / 480쪽 / 14,000원

하도급거래 생활법률의 기본지식
김진흥(변호사) 지음 / 신국판 / 440쪽 / 14,000원

이혼소송과 재산분할 생활법률의 기본지식
박동섭(변호사) 지음 / 신국판 / 460쪽 / 14,000원

부동산등기 생활법률의 기본지식
정상태(법무사) 지음 / 신국판 / 456쪽 / 14,000원

기업경영 생활법률의 기본지식
안동섭(단국대 교수) 지음 / 신국판 / 466쪽 / 14,000원

교통사고 생활법률의 기본지식
박정무(변호사)·전병찬 공저 / 신국판 / 480쪽 / 14,000원

소송서식 생활법률의 기본지식
김대환 지음 / 신국판 / 480쪽 / 14,000원

호적·가사소송 생활법률의 기본지식
정주수(법무사) 지음 / 신국판 / 516쪽 / 14,000원

新 상속과 세금 생활법률의 기본지식
박동섭(변호사) 지음 / 신국판 / 492쪽 / 14,500원

담보·보증 생활법률의 기본지식
류창호(법학박사) 지음 / 신국판 / 436쪽 / 14,000원

소비자보호 생활법률의 기본지식
김성천(법학박사) 지음 / 신국판 / 504쪽 / 15,000원

판결·공정증서 생활법률의 기본지식
정상태(법무사) 지음 / 신국판 / 312쪽 / 13,000원

산업재해보상보험 생활법률의 기본지식
정유석(공인노무사) 지음 / 신국판 / 384쪽 / 14,000원

여성·실용

결혼 준비, 이제 놀이가 된다 김창규·김수경·김정철 지음
4×6배판 변형 / 230쪽 / 13,000원

처 세

성공적인 삶을 추구하는 여성들에게 우먼파워 조안 커너 · 모이라 레이너 공저 / 지창영 옮김 / 신국판 / 352쪽 / 8,800원

이익이 되는 말 話 손해가 되는 말 우메시마 미요 지음 / 정성호 옮김 / 신국판 / 304쪽 / 9,000원

성공하는 사람들의 화술테크닉 민영욱 지음
신국판 / 320쪽 / 9,500원

부자들의 생활습관 가난한 사람들의 생활습관
다케우치 야스오 지음 / 홍영의 옮김
신국판 / 320쪽 / 9,800원

코끼리 귀를 당긴 원숭이-히딩크식 창의력을 배우자
강충인 지음 / 신국판 / 208쪽 / 8,500원

성공하려면 유머와 위트로 무장하라 민영욱 지음
신국판 / 292쪽 / 9,500원

등소평의 오뚝이전략 조창남 편저
신국판 / 304쪽 / 9,500원

노무현 화술과 화법을 통한 이미지 변화 이현정 지음
신국판 / 320쪽 / 10,000원

성공하는 사람들의 토론의 법칙 민영욱 지음
신국판 / 280쪽 / 9,500원

사람은 칭찬을 먹고산다 민영욱 지음
신국판 / 268쪽 / 9,500원

사과의 기술 김농주 지음
국판 변형 양장본 / 200쪽 / 10,000원

취업 경쟁력을 높여라 김농주 지음
신국판 / 280쪽 / 12,000원

유비쿼터스시대의 블루오션 전략 최양진 지음
신국판 / 248쪽 / 10,000원

나만의 블루오션 전략-화술편 민영욱 지음
신국판 / 254쪽 / 10,000원

희망의 씨앗을 뿌리는 20대를 위하여 우광균 지음
신국판 / 172쪽 / 8,000원

끌리는 사람이 되기위한 이미지 컨설팅 홍순아 지음
대국전판 / 194쪽 / 10,000원

글로벌 리더의 소통을 위한 스피치 민영욱 지음
신국판 / 328쪽 / 10,000원

오바마처럼 꿈에 미쳐라
정영순 지음 / 신국판 / 208쪽 / 9,500원

여자 30대, 내 생애 최고의 인생을 만들어라
정영순 지음 / 신국판 / 256쪽 / 11,500원

명 상

명상으로 얻는 깨달음 달라이 라마 지음
지창영 옮김 / 국판 / 320쪽 / 9,000원

어 학

2진법 영어 이상도 지음
4×6판 변형 / 328쪽 / 13,000원

한 방으로 끝내는 영어 고제윤 지음
신국판 / 316쪽 / 9,800원

한 방으로 끝내는 영단어 김승엽 / 김수경 · 카렌다 감수 / 4×6판 변형 / 236쪽 / 9,800원

해도해도 안 되던 영어회화 하루에 30분씩 90일이면 끝낸다
Carrot Korea 편집부지음 / 4×6판 변형 / 260쪽 / 11,000원

바로 활용할 수 있는 기초생활영 김수경 지음
신국판 / 240쪽 / 10,000원

바로 활용할 수 있는 비즈니스영어 김수경 지음
신국판 / 252쪽 / 10,000원

생존영어55 홍일록 지음
신국판 / 224쪽 / 8,500원

필수 여행영어회화 한현숙 지음
4×6판 변형 / 328쪽 / 7,000원

필수 여행일어회화 유영자 지음
4×6판 변형 / 264쪽 / 6,500원

필수 여행중국어회화 이은진 지음
4×6판 변형 / 256쪽 / 7,000원

영어로 배우는 중국어 김승엽 지음
신국판 / 216쪽 / 9,000원

필수 여행스페인어회화 유연장지음
4×6판 변형 / 288쪽 / 7,000원

바로 활용할수 있는 홈스테이 영어 김형주 지음
신국판 / 184쪽 / 9,000원

필수 여행러시아어회화 이은수지음
4×6판 변형 / 248쪽 / 7,500원

레포츠

수열이의 브라질 축구 탐방 삼바 축구, 그들은 강하다
이수열 지음 / 신국판 / 280쪽 / 8,500원

마라톤, 그 아름다운 도전을 향하여
빌 로저스 · 프리실라 웰치 · 조 헨더슨 공저 / 오인환 감수
지창영 옮김 4×6배판 / 320쪽 / 15,000원

퍼팅 메커닉 이근택 지음
4×6배판 변형 / 192쪽 / 18,000원

아마골프 가이드 정영호 지음
4×6배판 변형 / 216쪽 / 12,000원

인라인스케이팅 100% 즐기기 임미숙 지음
4×6배판 변형 / 172쪽 / 11,000원

배스낚시 테크닉 이종건 지음
4×6배판 / 440쪽 / 20,000원

나도 디지털 전문가 될 수 있다!!! 이승훈 지음
4×6판 / 320쪽 / 19,200원

스키 100% 즐기기 김동환 지음
4×6배판 변형 / 184쪽 / 12,000원

태권도 총론 하웅의 지음
4×6판 / 288쪽 / 15,000원

건강하고 아름다운 동양란 기르기 난마을 지음
4×6배판 변형 / 184쪽 / 12,000원

수영 100% 즐기기 김종만 지음
4×6배판 변형 / 248쪽 / 13,000원

애완견114 황양暎 엮음
4×6배판 변형 / 228쪽 / 13,000원

건강을 위한 웰빙 걷기 이강욱 지음

대국전판 / 280쪽 / 10,000원

우리 땅 우리 문화가 살아 숨쉬는 옛터 이형권 지음
대국전판 올컬러 / 208쪽 / 9,500원

아름다운 산사 이형권 지음
대국전판 올컬러 / 208쪽 / 9,500원

골프 100타 깨기 김준모 지음
4×6배판 변형 / 136쪽 / 10,000원

쉽고 즐겁게! 신나게! 배우는 재즈댄스 최재선 지음
4×6배판 변형 / 200쪽 / 12,000원

맛과 멋이 있는 낭만의 카페 박성찬 지음
대국전판 올컬러 / 168쪽 / 9,900원

한국의 숨어 있는 아름다운 풍경 이종원 지음
대국전판 올컬러 / 208쪽 / 9,900원

사람이 있고 자연이 있는 아름다운 명산 박기성 지음
대국전판 올컬러 / 176쪽 / 12,000원

마음의 고향을 찾아가는 포구 김인자 지음
대국전판 올컬러 / 224쪽 / 14,000원

골프 90타 깨기 김광섭 지음
4×6배판 변형 / 148쪽 / 11,000원

생명이 살아 숨쉬는 한국의 아름다운 강 민병준 지음
대국전판 올컬러 / 208쪽 / 9,900원

뜬나는 대로 세계여행 김재곤 지음
4×6배판 변형 올컬러 / 368쪽 / 20,000원

KLPGA 최여진 프로의 센스 골프 최여진 지음
4×6배판 변형 올컬러 / 192쪽 / 13,900원

해양스포츠 카이트보딩 김남용 편저
신국판 올컬러 / 152쪽 / 18,000원

KTPGA 김준모 프로의 파워 골프 김준모 지음
4×6배판 변형 올컬러 / 232쪽 / 13,900원

골프 80타 깨기 오태훈 지음
4×6판 변형 / 132쪽 / 10,000원

신나는 골프 세상 유응열 지음
4×6배판 변형 올컬러 / 232쪽 / 16,000원

풍경 속을 걷는 즐거움 명상 산책 김인자 지음
대국전판 올컬러 / 224쪽 / 14,000원

이신 프로의 더 퍼펙트 이신 지음
국배판 / 336쪽 / 28,000원

주니어 출신 박영진 프로의 주니어 골프 박영진 지음
4×6배판 변형 올컬러 / 164쪽 / 11,000원

골프손자병법 유응열 지음
4×6배판 변형 올컬러 / 212쪽 / 16,000원

3,3,7 세계여행 김완수 지음
4×6배판 변형 올컬러 / 280쪽 / 12,900원

박영진 프로의 주말 골퍼 100타 깨기 박영진 지음
4×6배판 변형 올컬러 / 160쪽 / 12,000원

10타 줄여주는 클럽 피팅 현세용 · 서주석 공저
4×6배판 변형 / 184쪽 / 15,000원

단기간에 싱글이 될 수 있는 원포인트 레슨 권용진 · 김준모 지음
4×6배판 변형 / 152쪽 / 12,500원

골프 80타 깨기

2005년 12월 30일 제1판 1쇄 발행
2012년 1월 10일 제1판 5쇄 발행

지은이/오태훈
펴낸이/강선희
펴낸곳/가림출판사

등록/1992. 10. 6. 제4-191호
주소/서울시 광진구 중곡2동 161-27 경남빌딩 5층
대표전화/458-6451   팩스/458-6450
홈페이지 http://www.galim.co.kr
e-mail galim@galim.co.kr

값 10,000원

ⓒ 오태훈, 2005

무단 복제·전재를 절대 금합니다.

ISBN 978-89-7895-223-1 03690

가림출판사·가림M&B·가림Let's의 홈페이지(http://www.galim.co.kr)에 들어오시면 가림출판사·가림M&B·가림Let's의 신간도서 및 출간 예정 도서를 포함한 모든 책들을 만나실 수 있습니다.
온라인 서점을 통하여 직접 도서 구입도 하실 수 있으며 가림 홈페이지 내에서 전국 대형 서점들의 사이트에 링크하시어 종합 신간 안내 및 각종 도서 정보, 책과 관련된 문화 정보를 받아보실 수 있습니다.
또한 홈페이지 방문시 회원으로 가입하시면 신간 안내 자료를 보내드립니다.